ULTIMATNA KUHARSKA KNJIGA ZA KRUHOVE PALICE

100 receptov za obvladanje umetnosti peke kruhov

Dušan Jereb

Avtorski material ©2024

Vse pravice pridržane

Nobenega dela te knjige ni dovoljeno uporabljati ali prenašati v kakršni koli obliki ali na kakršen koli način brez ustreznega pisnega soglasja založnika in lastnika avtorskih pravic, razen kratkih citatov, uporabljenih v recenziji. Ta knjiga se ne sme obravnavati kot nadomestilo za zdravniški, pravni ali drug strokovni nasvet.

KAZALO

KAZALO **3**
UVOD **6**
KLASIČNE KRUHOVE PALČKE **7**
   1. Palitos de Pan 8
   2. Taralli 10
   3. Ferrarese kruh 13
   4. Coppia Ferrarese z medom 15
   5. Pumpernickel in ržene palčke 18
   6. Rožmarinovi in timijanovi grisini 20
   7. Žajbljevi grisini 22
   8. Mehke grisine s komarčkovimi semeni 24
   9. Kruhovi divji riž 26
  10. Čebulno-koromačevi grisini 28
  11. Feferoni Grisini 30
  12. V pršut zavite grisine s figo 32
  13. Osnovni kruhovi z olivnim oljem 34
  14. Grisini s črnim poprom in čedarjem 36
  15. Palčke s čilijem in slanino 38
  16. Koromač in kruhovi z grobo soljo 40
  17. Kraft sirne palčke 42
  18. Kruhine palčke z orehi 44
  19. Olive Garden Breadsticks 46
NADEVANI HRUSOVI **48**
  20. Sparag us Breadsticks 49
  21. S sirom polnjene grisine 51
  22. Jalapeno kruhove palčke 53
  23. S feferoni polnjeni grisini 55
  24. Polnjeni grisini s špinačo in feto 57
  25. S slanino in čedarjem polnjeni grisini 59
GRISSINI **61**
  26. Klasični Grissini 62
  27. Česnovo zelišče Grissini 64
  28. Rožmarin in parmezan Grissini 66
  29. Grisini s sezamovim semenom 68
PRESTICE **70**
  30. Alzaška pereca 71
  31. Hrustljavi Pretzel Drops 74
  32. Preste s karijem 76
  33. Desertne preste 78
  34. Espresso preste 80

35. Pennsylvania Dutch Pretzels 82
36. Preste s poprovim sirom 84
37. Peppermint Pretzel Canes 86
38. Philadelphia mehke preste 88
39. Schokoladenpretzel (čokoladne preste) 90
40. Pajkove perece 92
41. Ajdove preste 94
42. Čokoladno oblite preste s karamelo 96
43. Čokoladne mandljeve preste 98
44. Čokoladni piškoti s prestami 100
45. Preste s čokolado 102
46. Česnove zeliščne preste 104
47. Jalebis 107
48. Kringler (danski kruhki v obliki perec) 109
49. Neujahrspretzel (novoletne preste) 111
50. Old Country pinjenec preste 113
51. Z jogurtom prekrite preste 115

CURROS IZ GRUSOVIH PALIC 117
52. Osnovni Churros 118
53. Churros s cimetom 120
54. Churros in čokolada 122
55. Trpotec Churro s 124
56. Red Velvet Spanish Churros 126
57. San Diablo Artisan Churros 128
58. Pečen Churros 131
59. Čokoladni Churros 134
60. Churrosi s karamelo 136
61. Pumpkin Spice Churros 138
62. Churros brez glutena 140
63. Churrosi, polnjeni z nutelo 142
64. Churro sladoledni sendviči 144
65. Dulce de Leche Churros 146
66. Matcha Churros 148
67. Red Velvet Churros 150
68. Churro ugrizi 152
69. Limonin Churros 154
70. Churros s kokosom 156
71. Churro vaflji 158
72. Jagodni Cheesecake Churros 160

ZVOKI KRUŠNE PALICE 162
73. Cimetovi sladkorni zvitki 163
74. Karamelni zavoji 165
75. Avstrijski zapleti 167

76. Pizza zvitki 169
77. Švedski Aniswe Twists 171
78. Zvitki iz peciva Nutella 173
79. Cvrtnik Sweet Twists 175
80. Lemony Sweet Twists 177
81. Zvitki s sirom in šunko 179
82. Čokoladni in lešnikovi zvitki 181
83. Tiramisu zvitki 183
84. Česnovi parmezanovi zvitki 185
85. Jalapeno Cheddar zvitki 187
86. Buffalo piščančji zvitki 189
87. Pesto in na soncu posušeni paradižnikovi zvitki 191
88. Špinača in feta zvitki 193
89. Svinjski zvitki z žara 195
90. S'mores Twists 197
91. Caprese zasuki 199
92. Jabolčno cimetovi zvitki 201
93. Zavitki s šunko in sirom 203
94. Pesto piščančji Alfredo zvitki 205
95. Javorjeva slanina 207
96. Sredozemski preobrati 209
97. Orehovi karamelni zvitki 211
98. Zvitki z malinovim kremnim sirom 213
99. Limonino borovničevi zvitki 215
100. Javorjev oreh zvitki 217

ZAKLJUČEK **219**

UVOD

Dobrodošli v »ULTIMATNA KUHARSKA KNJIGA ZA KRUHOVE PALICE«, kjer aroma sveže pečenega kruha napolni zrak in vas čaka zadovoljstvo ob obvladovanju umetnosti izdelave grisincev. Kruhine palčke s svojo hrustljavo zunanjostjo in nežnimi drobtinami so že dolgo priljubljena priloga k jedem, cenjene zaradi vsestranskosti in okusnosti. V tej kuharski knjigi se s 100 recepti, ki vas bodo vodili skozi nianse testa, oblikovanja in peke, podajamo na potovanje, da bi odkrili skrivnosti popolnosti grisincev. Kruhovi palčki so več kot le priloga – so dokaz ročne izdelave in spretnosti peka. Od skromnih italijanskih grisinov do slanih jedi Severne Amerike so grisini na voljo v različnih oblikah, velikostih in okusih, od katerih vsaka ponuja edinstveno kulinarično izkušnjo. V tej zbirki receptov bomo raziskali širok svet grisincev, od klasičnih priljubljenih do inovativnih kreacij, ter vas naučili tehnik in nasvetov, ki jih potrebujete, da postanete mojster izdelovanja grisincev.

Z vsakim receptom se boste naučili umetnosti dela s kvasom, znanosti o razvoju glutena ter pomena pravilnega oblikovanja in peke. Ne glede na to, ali imate raje grisine tanke in hrustljave ali debele in žvečljive, je v tej kuharski knjigi recept za vsak okus in priložnost. In z malo vaje in potrpežljivosti boste kmalu razveselili prijatelje in družino z domačimi grisini, ki se bodo kosali s tistimi iz vaše najljubše pekarne. Toda »ULTIMATNA KUHARSKA KNJIGA ZA KRUHOVE PALICE« je več kot le zbirka receptov – je praznovanje veselja do peke in zadovoljstva ob ustvarjanju nečesa okusnega iz nič. Ne glede na to, ali ste izkušen pek ali začetnik v kuhinji, je vsak recept zasnovan tako, da je dostopen, preprost za sledenje in zajamčeno daje okusne rezultate.

Torej, zavihajte rokave, obrišite prah z valjarja in se pripravite na pot mojstrstva na grisini. S 100 recepti za raziskovanje je edina omejitev vaša domišljija. Potopimo se in skupaj odkrijmo umetnost izdelave grisincev.

KLASIČNE KRUHOVE PALČKE

1. Palitos de Pan

SESTAVINE:
- 2 skodelici večnamenske moke
- 1 čajna žlička soli
- 1 čajna žlička sladkorja
- 2 ¼ čajne žličke aktivnega suhega kvasa
- ⅔ skodelice tople vode
- 2 žlici olivnega olja
- Dodatki po želji: sezamovo seme, mak, nariban parmezan itd.

NAVODILA:
a) V majhni posodi raztopite sladkor v topli vodi. Kvas potresemo z vodo in pustimo stati približno 5 minut, da se speni.
b) V skledi za mešanje zmešajte večnamensko moko in sol. Na sredini naredite vdolbinico in vanjo vlijte mešanico kvasa in olivnega olja.
c) Sestavine mešamo, dokler ne nastane testo. Testo prestavimo na pomokano površino in ga gnetemo približno 5-10 minut, dokler ne postane gladko in elastično. Po potrebi dodajte še več moke, da se prepreči sprijemanje.
d) Testo damo v pomaščeno skledo, pokrijemo s čisto kuhinjsko krpo in pustimo vzhajati na toplem približno 1 uro oziroma toliko časa, da se obseg podvoji.
e) Pečico segrejte na 200 °C (400 °F) in obložite pekač s pergamentnim papirjem.
f) Preluknjajte testo, da sprostite morebitne zračne mehurčke. Testo razdelite na majhne dele in vsak del razvaljajte v tanko palico podobno obliko, približno ½ palca debelo in 6-8 palcev dolgo.
g) Grisine položimo na pripravljen pekač in med njimi pustimo nekaj prostora. Če želite, po grisinah potresite dodatke po želji, kot so sezamovo seme, mak ali nariban parmezan.
h) Grisine pečemo v ogreti pečici približno 12-15 minut oziroma dokler ne postanejo zlato rjave in hrustljave.
i) Grisine vzamemo iz pečice in pustimo, da se ohladijo na rešetki, preden jih postrežemo.

2.Taralli

SESTAVINE:
- 4 skodelice večnamenske moke
- 2 žlički soli
- 2 žlički sladkorja
- 2 žlički pecilnega praška
- 120 ml (½ skodelice) belega vina
- 120 ml (½ skodelice) ekstra deviškega oljčnega olja
- Voda (po potrebi)
- Izbirne arome: semena komarčka, črni poper, čilijevi kosmiči itd.

NAVODILA:
a) V veliki skledi za mešanje zmešajte moko, sol, sladkor in pecilni prašek. Dobro premešaj.
b) Suhim sestavinam dodajte belo vino in olivno olje. Mešajte, dokler se sestavine ne začnejo povezovati.
c) Postopoma dodajajte vodo, po malem, medtem ko z rokami gnetete testo, dokler ne dobite gladkega in rahlo čvrstega testa. Količina potrebne vode se lahko razlikuje glede na vlažnost vašega okolja.
d) Po želji v testo dodajte arome, kot so semena komarčka, črni poper ali kosmiči čilija. Testo še nekajkrat pregnetemo, da se okusi enakomerno porazdelijo.
e) Testo razdelite na manjše dele in vsak del razvaljajte v tanko vrv s premerom približno 1 cm (0,4 palca).
f) Vrv narežite na majhne koščke, dolge približno 7-10 cm (2,8-4 palca).
g) Vzemite vsak kos in spojite konce skupaj, tako da oblikujete obliko obroča.
h) Pečico segrejte na 180 °C (350 °F).
i) Velik lonec vode zavrite. V vrelo vodo dodajte pest soli.
j) Previdno spustite nekaj Tarallijev naenkrat v vrelo vodo in kuhajte približno 1-2 minuti ali dokler ne priplavajo na površje.
k) Z žlico z režami ali skimmerjem odstranite kuhane Taralli iz vode in jih prenesite na pekač, obložen s pergamentnim papirjem.
l) Tarallije postavimo v predhodno ogreto pečico in pečemo približno 25-30 minut oziroma dokler ne postanejo zlato rjave in hrustljave.
m) Odstranite Taralli iz pečice in pustite, da se popolnoma ohladijo, preden jih postrežete.

3. Ferrarese kruh

SESTAVINE:
- 500 g moke 00
- 175 g vode
- 30 g masti
- 50 g matičnega kvasa
- 9 g soli
- 5 g slada
- 20 g ekstra deviškega oljčnega olja

NAVODILA:

a) V skledo vlijemo vodo, slad in v njej raztopimo matični kvas, dodamo moko in delamo, dokler se vse ne zmeša. Vložimo mast in pustimo, da se dobro vpije, ko je testo končano, dodamo olje in sol ter pregnetemo, da nastane gladka in homogena masa. Testo razdelimo na 8 hlebčkov po 95-100 g, da dobimo 4 pare Ferrara po približno 195-200 g.

b) Vsak blok obdelajte z valjarjem ali strojem za testenine, dokler ne dobite debeline 1,2 cm.

c) Sedaj vsak hlebček zvijte: z eno roko primite en konec, z drugo pa začnite zvijati in odvijati ter počasi skoraj do konca hlebčka, ponovite postopek z drugim hlebčkom.

d) Na tem mestu jih združimo v par (pritiskamo jih na sredino) in jih postavimo vzhajat na pekač na toplo za 90-120 minut.

e) Pečico segrejte na 200°C in jih pecite 18-20 minut.

4. Coppia Ferrarese z medom

SESTAVINE:
ZA KVAS:
- 200 g večnamenske moke
- 1 čajna žlička olivnega olja
- 1 čajna žlička medu
- Mlačna voda
- Za testo:
- 1 kg moke (tip 0)
- 350 ml vode
- 60 gramov svinjske maščobe
- 40 ml ekstra deviškega oljčnega olja
- 100 g kvasa
- 1 čajna žlička soli
- 1 žlica ječmenovega sladu

NAVODILA:
KVAS:
a) V skledo stresemo 200 g moke.
b) Moki dodamo nekaj mlačne vode, žličko olja in žličko medu.
c) Mešajte dokler ne nastane gladka zmes brez grudic.
d) Zmes iz moke oblikujte v kroglo.
e) Kroglico moke položite v skledo.
f) Posodo pokrijemo z vlažno kuhinjsko krpo.
g) Moko pustimo počivati 48 ur, da fermentira.
h) Prilijemo nekaj žličk mlačne vode, ponovno pregnetemo in ponovno pokrijemo z vlažno kuhinjsko krpo.
i) Kvas je treba osvežiti vsak teden.

ZA KRUH:
j) Vse sestavine za testo dajte v močan mešalnik.
k) Vklopite mešalnik in gnetite 15 do 20 minut.
l) Testo prestavimo na delovno površino ali ravno površino.
m) Testo razdelite na kroglice s premerom približno 5 cm.
n) Za ročno oblikovanje vsako kroglico na pomokani površini razvaljajte v približno 30 cm dolge trakove.
o) Z dlanjo pritiskajte testo kot za štrukelj, medtem pa ga zvijte v stožčaste rogove.

p) Pare takih zvitkov spletemo skupaj, da dobimo značilno obliko parov (na sredini prepleteni štirje stožčasti rogovi).
q) Ko so oblikovani, prenesite pare na leseno desko.
r) Pare pokrijte z mokro kuhinjsko brisačo.
s) Pustite počivati 1 uro do 1 uro in pol.
t) Pečico segrejte na 375°F.
u) Pare pečemo do zlato rjave barve.
v) Odstranite Coppia Ferrarese iz pečice in potisnite na rešetko, da se ohladi.
w) Coppia Ferrarese je pripravljena za postrežbo.

5. Pumpernickel in ržene palčke

SESTAVINE:
- 1 skodelica ržene moke
- 1 skodelica večnamenske moke
- 1/2 skodelice pumpernickel moke
- 2 žlički pecilnega praška
- 1 čajna žlička soli
- 1 čajna žlička kuminih semen
- 1/4 skodelice nesoljenega masla, stopljenega
- 3/4 skodelice mleka

NAVODILA:
a) Pečico segrejte na 375 °F (190 °C). Pekač obložite s peki papirjem.
b) V veliki skledi zmešajte rženo moko, večnamensko moko, moko pumpernickel, pecilni prašek, sol in kumino.
c) V ločeni skledi zmešajte stopljeno maslo in mleko. Mokre sestavine vlijemo v suhe sestavine in mešamo, dokler se testo ne združi.
d) Testo zvrnemo na rahlo pomokano površino in ga nekajkrat pregnetemo, dokler ni gladko.
e) Testo razdelite na 12 enakih kosov in vsak kos razvaljajte v 15 cm dolgo palčko.
f) Grisine položimo na pripravljen pekač in jih pečemo 15-18 minut oziroma do zlato rjave barve.
g) Pred serviranjem pustite, da se grisine nekoliko ohladijo.

6.Rožmarinovi in timijanovi grisini

SESTAVINE:
- 2 1/4 skodelice večnamenske moke
- 2 žlički pecilnega praška
- 1 čajna žlička soli
- 1 žlica svežega rožmarina, drobno sesekljanega
- 1 žlica svežih listov timijana
- 1/4 skodelice nesoljenega masla, stopljenega
- 3/4 skodelice mleka

NAVODILA:
a) Pečico segrejte na 375 °F (190 °C). Pekač obložite s peki papirjem.
b) V veliki skledi zmešajte moko, pecilni prašek, sol, svež rožmarin in liste svežega timijana.
c) V ločeni skledi zmešajte stopljeno maslo in mleko. Mokre sestavine vlijemo v suhe sestavine in mešamo, dokler se testo ne združi.
d) Testo zvrnemo na rahlo pomokano površino in ga nekajkrat pregnetemo, dokler ni gladko.
e) Testo razdelite na 12 enakih kosov in vsak kos razvaljajte v 15 cm dolgo palčko.
f) Grisine položimo na pripravljen pekač in jih pečemo 15-18 minut oziroma do zlato rjave barve.
g) Pred serviranjem pustite, da se grisine nekoliko ohladijo.

7. Žajbljevi grisini

SESTAVINE:
- 2 1/4 skodelice večnamenske moke
- 2 žlički pecilnega praška
- 1 čajna žlička soli
- 1 žlica svežega žajblja, drobno sesekljanega
- 1/4 skodelice nesoljenega masla, stopljenega
- 3/4 skodelice mleka

NAVODILA:
a) Pečico segrejte na 375 °F (190 °C). Pekač obložite s peki papirjem.
b) V veliki skledi zmešajte moko, pecilni prašek, sol in svež žajbelj.
c) V ločeni skledi zmešajte stopljeno maslo in mleko. Mokre sestavine vlijemo v suhe sestavine in mešamo, dokler se testo ne združi.
d) Testo zvrnemo na rahlo pomokano površino in ga nekajkrat pregnetemo, dokler ni gladko.
e) Testo razdelite na 12 enakih kosov in vsak kos razvaljajte v 15 cm dolgo palčko.
f) Grisine položimo na pripravljen pekač in jih pečemo 15-18 minut oziroma do zlato rjave barve.
g) Pred serviranjem pustite, da se grisine nekoliko ohladijo.

8. Mehke grisine s komarčkovimi semeni

SESTAVINE:
- 2 1/4 skodelice večnamenske moke
- 2 žlički pecilnega praška
- 1 čajna žlička soli
- 2 žlici semen komarčka
- 1/4 skodelice nesoljenega masla, stopljenega
- 3/4 skodelice mleka

NAVODILA:
a) Pečico segrejte na 375 °F (190 °C). Pekač obložite s peki papirjem.
b) V veliki skledi zmešajte moko, pecilni prašek, sol in semena koromača.
c) V ločeni skledi zmešajte stopljeno maslo in mleko. Mokre sestavine vlijemo v suhe sestavine in mešamo, dokler se testo ne združi.
d) Testo zvrnemo na rahlo pomokano površino in ga nekajkrat pregnetemo, dokler ni gladko.
e) Testo razdelite na 12 enakih kosov in vsak kos razvaljajte v 15 cm dolgo palčko.
f) Grisine položimo na pripravljen pekač in jih pečemo 15-18 minut oziroma do zlato rjave barve.
g) Pred serviranjem pustite, da se grisine nekoliko ohladijo.

9.Kruhovi divji riž

SESTAVINE:
- 1 skodelica kuhanega divjega riža
- 2 1/4 skodelice večnamenske moke
- 2 žlički pecilnega praška
- 1 čajna žlička soli
- 1/4 skodelice nesoljenega masla, stopljenega
- 3/4 skodelice mleka

NAVODILA:
a) Pečico segrejte na 375 °F (190 °C). Pekač obložite s peki papirjem.
b) V veliki skledi zmešajte kuhan divji riž, moko, pecilni prašek in sol.
c) V ločeni skledi zmešajte stopljeno maslo in mleko. Mokre sestavine vlijemo v suhe sestavine in mešamo, dokler se testo ne združi.
d) Testo zvrnemo na rahlo pomokano površino in ga nekajkrat pregnetemo, dokler ni gladko.
e) Testo razdelite na 12 enakih kosov in vsak kos razvaljajte v 15 cm dolgo palčko.
f) Grisine položimo na pripravljen pekač in jih pečemo 15-18 minut oziroma do zlato rjave barve.
g) Pred serviranjem pustite, da se grisine nekoliko ohladijo.

10.Čebulno-koromačevi grisini

SESTAVINE:
- 2 1/4 skodelice večnamenske moke
- 2 žlički pecilnega praška
- 1 čajna žlička soli
- 1/2 skodelice drobno sesekljane čebule
- 1 žlica semen koromača
- 1/4 skodelice nesoljenega masla, stopljenega
- 3/4 skodelice mleka

NAVODILA:
a) Pečico segrejte na 375 °F (190 °C). Pekač obložite s peki papirjem.
b) V veliki skledi zmešajte moko, pecilni prašek in sol.
c) Suhim sestavinam dodajte drobno sesekljano čebulo in semena koromača ter dobro premešajte.
d) V ločeni skledi zmešajte stopljeno maslo in mleko. Mokre sestavine vlijemo v suhe sestavine in mešamo, dokler se testo ne združi.
e) Testo zvrnemo na rahlo pomokano površino in ga nekajkrat pregnetemo, dokler ni gladko.
f) Testo razdelite na 12 enakih kosov in vsak kos razvaljajte v 15 cm dolgo palčko.
g) Grisine položimo na pripravljen pekač in jih pečemo 15-18 minut oziroma do zlato rjave barve.
h) Pred serviranjem pustite, da se grisine nekoliko ohladijo.

11. Feferoni Grisini

SESTAVINE:
- 2 1/4 skodelice večnamenske moke
- 2 žlički pecilnega praška
- 1 čajna žlička soli
- 1 čajna žlička posušene italijanske začimbe
- 1/2 skodelice drobno sesekljanega feferona
- 1/4 skodelice nesoljenega masla, stopljenega
- 3/4 skodelice mleka

NAVODILA:
a) Pečico segrejte na 375 °F (190 °C). Pekač obložite s peki papirjem.
b) V veliki skledi zmešajte moko, pecilni prašek, sol in posušene italijanske začimbe.
c) Suhim sestavinam dodamo drobno narezan feferon in dobro premešamo.
d) V ločeni skledi zmešajte stopljeno maslo in mleko. Mokre sestavine vlijemo v suhe sestavine in mešamo, dokler se testo ne združi.
e) Testo zvrnemo na rahlo pomokano površino in ga nekajkrat pregnetemo, dokler ni gladko.
f) Testo razdelite na 12 enakih kosov in vsak kos razvaljajte v 15 cm dolgo palčko.
g) Grisine položimo na pripravljen pekač in jih pečemo 15-18 minut oziroma do zlato rjave barve.
h) Pred serviranjem pustite, da se grisine nekoliko ohladijo.

12. V pršut zavite grisine s figo

SESTAVINE:
- 12 grisincev (kupljenih ali doma narejenih)
- 6 rezin pršuta, prerezanih po dolžini na pol
- 6 suhih fig, prerezanih na pol

NAVODILA:
a) Pečico segrejte na 375 °F (190 °C). Pekač obložite s peki papirjem.
b) Vsako grisino ovijemo s polovico rezine pršuta.
c) Na vrh vsakega grisina položimo razpolovljeno suho figo, ki jo pritrdimo s pršutom.
d) Zavite grisine razporedimo po pripravljenem pekaču in pečemo 10-12 minut oziroma toliko časa, da pršut hrustljavo zapeče.
e) Pred serviranjem pustite, da se grisine nekoliko ohladijo.

13. Osnovni kruhovi z olivnim oljem

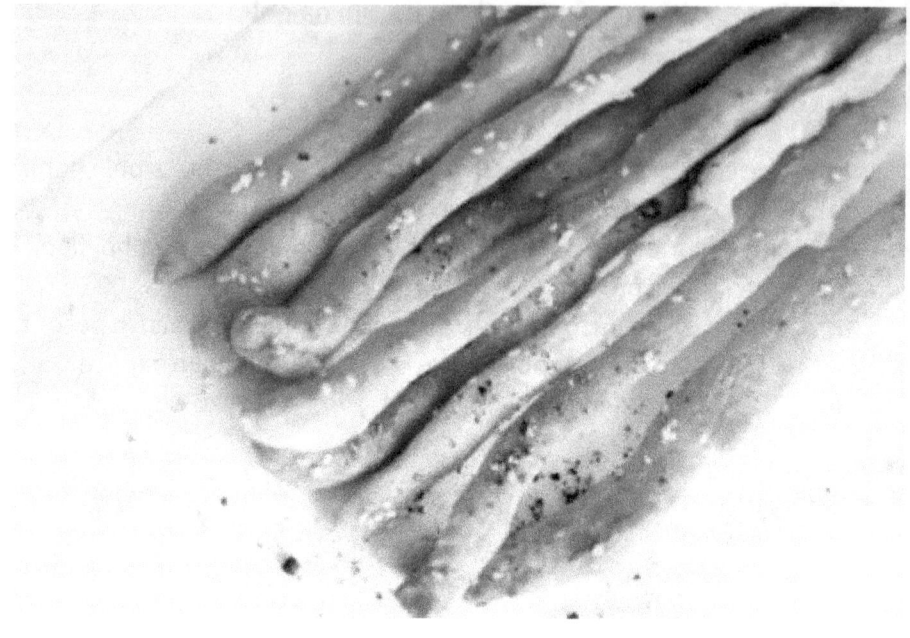

SESTAVINE:
- 2 skodelici večnamenske moke
- 1 čajna žlička soli
- 1 čajna žlička sladkorja
- 1 žlica aktivnega suhega kvasa
- 1/2 skodelice tople vode
- 1/4 skodelice olivnega olja
- Neobvezni dodatki: groba sol, posušena zelišča (kot je rožmarin ali timijan)

NAVODILA:
a) V skledi za mešanje zmešajte moko, sol in sladkor.
b) V ločeni majhni skledi raztopite kvas v topli vodi in pustite stati 5 minut, da se speni.
c) Mešanici moke dodajte mešanico kvasa in olivno olje. Mešajte, dokler se testo ne združi.
d) Testo prenesite na rahlo pomokano površino in gnetite približno 5 minut, dokler ni gladko in elastično.
e) Testo damo v pomaščeno skledo, pokrijemo s čisto kuhinjsko krpo in pustimo vzhajati na toplem približno 1 uro oziroma dokler se ne podvoji.
f) Pečico segrejte na 375 °F (190 °C).
g) Testo preluknjamo in ga razdelimo na enake dele.
h) Vsak del razvaljamo v obliko tanke grisine.
i) Grisine položite na pekač, obložen s peki papirjem.
j) Po želji grisine namažemo z olivnim oljem in potresemo z grobo soljo ali suhimi zelišči.
k) Pečemo 12-15 minut oziroma do zlato rjave barve.
l) Pred serviranjem pustite, da se grisine ohladijo.

14. Grisini s črnim poprom in čedarjem

SESTAVINE:
- 2 1/4 skodelice večnamenske moke
- 2 žlički pecilnega praška
- 1 čajna žlička soli
- 1/2 čajne žličke črnega popra
- 1 skodelica naribanega cheddar sira
- 1/4 skodelice nesoljenega masla, stopljenega
- 3/4 skodelice mleka

NAVODILA:
a) Pečico segrejte na 375 °F (190 °C). Pekač obložite s peki papirjem.
b) V veliki skledi zmešajte moko, pecilni prašek, sol in črni poper.
c) Suhim sestavinam dodamo nastrgan čedar sir in dobro premešamo.
d) V ločeni skledi zmešajte stopljeno maslo in mleko. Mokre sestavine vlijemo v suhe sestavine in mešamo, dokler se testo ne združi.
e) Testo zvrnemo na rahlo pomokano površino in ga nekajkrat pregnetemo, dokler ni gladko.
f) Testo razdelite na 12 enakih kosov in vsak kos razvaljajte v 15 cm dolgo palčko.
g) Grisine položimo na pripravljen pekač in jih pečemo 15-18 minut oziroma do zlato rjave barve.
h) Pred serviranjem pustite, da se grisine nekoliko ohladijo.

15. Palčke s čilijem in slanino

SESTAVINE:
2 1/4 skodelice večnamenske moke
2 žlički pecilnega praška
1 čajna žlička soli
1 žlica čilija v prahu
1/2 skodelice kuhane in nadrobljene slanine
1/4 skodelice nesoljenega masla, stopljenega
3/4 skodelice mleka

a) **NAVODILA:**
b) Pečico segrejte na 375 °F (190 °C). Pekač obložite s peki papirjem.
c) V veliki skledi zmešajte moko, pecilni prašek, sol in čili v prahu.
d) Suhim sestavinam dodamo kuhano in zdrobljeno slanino in dobro premešamo.
e) V ločeni skledi zmešajte stopljeno maslo in mleko. Mokre sestavine vlijemo v suhe sestavine in mešamo, dokler se testo ne združi.
f) Testo zvrnemo na rahlo pomokano površino in ga nekajkrat pregnetemo, dokler ni gladko.
g) Testo razdelite na 12 enakih kosov in vsak kos razvaljajte v 15 cm dolgo palčko.
h) Grisine položimo na pripravljen pekač in jih pečemo 15-18 minut oziroma do zlato rjave barve.
i) Pred serviranjem pustite, da se grisine nekoliko ohladijo.

16. Koromač in kruhovi z grobo soljo

SESTAVINE:
- 2 1/4 skodelice večnamenske moke
- 2 žlički pecilnega praška
- 1 čajna žlička soli
- 1 žlica semen koromača
- 2 žlici grobe soli
- 1/4 skodelice nesoljenega masla, stopljenega
- 3/4 skodelice mleka

NAVODILA:
a) Pečico segrejte na 375 °F (190 °C). Pekač obložite s peki papirjem.
b) V veliki skledi zmešajte moko, pecilni prašek, sol in semena koromača.
c) V ločeni skledi zmešajte stopljeno maslo in mleko. Mokre sestavine vlijemo v suhe sestavine in mešamo, dokler se testo ne združi.
d) Testo zvrnemo na rahlo pomokano površino in ga nekajkrat pregnetemo, dokler ni gladko.
e) Testo razdelite na 12 enakih kosov in vsak kos razvaljajte v 15 cm dolgo palčko.
f) Grisine položite na pripravljen pekač. Po grisinah potresemo grobo sol.
g) Pečemo 15-18 minut oziroma do zlato rjave barve.
h) Pred serviranjem pustite, da se grisine nekoliko ohladijo.

17.Kraft sirne palčke

SESTAVINE:
- 2 1/4 skodelice večnamenske moke
- 2 žlički pecilnega praška
- 1 čajna žlička soli
- 1 skodelica naribanega kraft sira (npr. cheddar, mocarela)
- 1/4 skodelice nesoljenega masla, stopljenega
- 3/4 skodelice mleka

NAVODILA:
a) Pečico segrejte na 375 °F (190 °C). Pekač obložite s peki papirjem.
b) V veliki skledi zmešajte moko, pecilni prašek in sol.
c) Suhim sestavinam dodamo nariban sir in dobro premešamo.
d) V ločeni skledi zmešajte stopljeno maslo in mleko. Mokre sestavine vlijemo v suhe sestavine in mešamo, dokler se testo ne združi.
e) Testo zvrnemo na rahlo pomokano površino in ga nekajkrat pregnetemo, dokler ni gladko.
f) Testo razdelite na 12 enakih kosov in vsak kos razvaljajte v 15 cm dolgo palčko.
g) Grisine položimo na pripravljen pekač in jih pečemo 15-18 minut oziroma do zlato rjave barve.
h) Pred serviranjem pustite, da se grisine nekoliko ohladijo.

18. Kruhine palčke z orehi

SESTAVINE:
- 2 1/4 skodelice večnamenske moke
- 2 žlički pecilnega praška
- 1 čajna žlička soli
- 1/2 skodelice sesekljanih oreščkov (npr. orehi, mandlji)
- 1/4 skodelice nesoljenega masla, stopljenega
- 3/4 skodelice mleka

NAVODILA:
a) Pečico segrejte na 375 °F (190 °C). Pekač obložite s peki papirjem.
b) V veliki skledi zmešajte moko, pecilni prašek in sol.
c) Suhim sestavinam dodajte sesekljane orehe in dobro premešajte.
d) V ločeni skledi zmešajte stopljeno maslo in mleko. Mokre sestavine vlijemo v suhe sestavine in mešamo, dokler se testo ne združi.
e) Testo zvrnemo na rahlo pomokano površino in ga nekajkrat pregnetemo, dokler ni gladko.
f) Testo razdelite na 12 enakih kosov in vsak kos razvaljajte v 15 cm dolgo palčko.
g) Grisine položimo na pripravljen pekač in jih pečemo 15-18 minut oziroma do zlato rjave barve.
h) Pred serviranjem pustite, da se grisine nekoliko ohladijo.

19. Olive Garden Breadsticks

SESTAVINE:
- 2 1/4 skodelice večnamenske moke
- 2 žlički pecilnega praška
- 1 čajna žlička soli
- 1 čajna žlička česna v prahu
- 1 čajna žlička posušenega origana
- 1/4 skodelice nesoljenega masla, stopljenega
- 3/4 skodelice mleka

NAVODILA:
a) Pečico segrejte na 375 °F (190 °C). Pekač obložite s peki papirjem.
b) V veliki skledi zmešajte moko, pecilni prašek, sol, česen v prahu in posušen origano.
c) V ločeni skledi zmešajte stopljeno maslo in mleko. Mokre sestavine vlijemo v suhe sestavine in mešamo, dokler se testo ne združi.
d) Testo zvrnemo na rahlo pomokano površino in ga nekajkrat pregnetemo, dokler ni gladko.
e) Testo razdelite na 12 enakih kosov in vsak kos razvaljajte v 15 cm dolgo palčko.
f) Grisine položimo na pripravljen pekač in jih pečemo 15-18 minut oziroma do zlato rjave barve.
g) Pred serviranjem pustite, da se grisine nekoliko ohladijo.

NADEVANI HRUSOVI

20. Sparagus Breadsticks

SESTAVINE:
- 2 štruci kruhovega testa
- 1 velik beljak
- ¼ skodelice naribanega parmezana
- 1 čajna žlička posušenih listov pehtrana
- 1 čajna žlička posušenega plevela kopra

NAVODILA:

a) Hlebce položite na pomokano desko in vsak hlebec potapkajte v pravokotnik 5x10". Rahlo pokrijte s plastično folijo in pustite vzhajati, dokler ne napihne, od 45 minut do 1 ure.

b) Vsako štruco prečno razrežemo na 9 enakih kosov.

c) Poberite konce vsakega kosa in ga raztegnite na dolžino namaščenega pekača velikosti 12 x 15" in ga položite na pekač; če se testo zaskoči nazaj, pustite nekaj minut počivati, nato ponovno raztegnite.

d) Ponovite, da naredite vsako palico v razmiku približno 1½" narazen.

e) S škarjami pod kotom 45' odrežite testo, da naredite reze približno ½" narazen vzdolž približno 4" 1 konca vsake palice.

21. S sirom polnjene grisine

SESTAVINE:
- 1 funt testa za pico
- 1 skodelica naribanega sira mozzarella
- 1/4 skodelice naribanega parmezana
- 2 žlici stopljenega masla
- 1 čajna žlička česna v prahu
- Marinara omaka za pomakanje

NAVODILA:
a) Pečico segrejte na 375 °F (190 °C).
b) Testo za pico razvaljajte v pravokotnik, debeline približno 1/4 palca.
c) Po testu enakomerno potresemo nastrgano mocarelo in nariban parmezan.
d) Testo previdno razvaljamo v hlod, robove zalepimo.
e) Poleno narežite na 1-palčne rezine in jih položite na pekač, obložen s pergamentnim papirjem.
f) V manjši skledi zmešamo stopljeno maslo in česen v prahu. S to mešanico namažite vrhove grisincev.
g) Pečemo v ogreti pečici 15-20 minut oziroma do zlato rjave barve.
h) Postrezite toplo z omako marinara za pomakanje.

22. Jalapeno kruhove palčke

SESTAVINE:
- 2 1/4 skodelice večnamenske moke
- 2 žlički pecilnega praška
- 1 čajna žlička soli
- 2 jalapeno papriki, brez semen in drobno narezani
- 1/4 skodelice nesoljenega masla, stopljenega
- 3/4 skodelice mleka

NAVODILA:
a) Pečico segrejte na 375 °F (190 °C). Pekač obložite s peki papirjem.
b) V veliki skledi zmešajte moko, pecilni prašek, sol in sesekljano jalapeno papriko.
c) V ločeni skledi zmešajte stopljeno maslo in mleko. Mokre sestavine vlijemo v suhe sestavine in mešamo, dokler se testo ne združi.
d) Testo zvrnemo na rahlo pomokano površino in ga nekajkrat pregnetemo, dokler ni gladko.
e) Testo razdelite na 12 enakih kosov in vsak kos razvaljajte v 15 cm dolgo palčko.
f) Grisine položimo na pripravljen pekač in jih pečemo 15-18 minut oziroma do zlato rjave barve.
g) Pred serviranjem pustite, da se grisine nekoliko ohladijo.

23. S feferoni polnjeni grisini

SESTAVINE:
- 1 funt testa za pico
- 1 skodelica naribanega sira mozzarella
- 1/4 skodelice sesekljanega feferona
- 2 žlici stopljenega masla
- 1 čajna žlička italijanske začimbe
- Marinara omaka za pomakanje

NAVODILA:
a) Pečico segrejte na 375 °F (190 °C).
b) Testo za pico razvaljajte v pravokotnik, debeline približno 1/4 palca.
c) Po testu enakomerno potresemo nastrgan sir mozzarella.
d) Po siru potresemo sesekljane feferone.
e) Testo previdno razvaljamo v hlod, robove zalepimo.
f) Poleno narežite na 1-palčne rezine in jih položite na pekač, obložen s pergamentnim papirjem.
g) V manjši skledi zmešamo stopljeno maslo in italijanske začimbe. S to mešanico namažite vrhove grisincev.
h) Pečemo v ogreti pečici 15-20 minut oziroma do zlato rjave barve.
i) Postrezite toplo z omako marinara za pomakanje.

24. Polnjeni grisini s špinačo in feto

SESTAVINE:
- 1 funt testa za pico
- 1 skodelica sesekljane sveže špinače
- 1/2 skodelice zdrobljenega feta sira
- 2 žlici stopljenega masla
- 1 čajna žlička česna v prahu
- Marinara omaka za pomakanje

NAVODILA:
a) Pečico segrejte na 375 °F (190 °C).
b) Testo za pico razvaljajte v pravokotnik, debeline približno 1/4 palca.
c) Po testu enakomerno razporedimo nasekljano špinačo.
d) Po špinači potresemo nadrobljen feta sir.
e) Testo previdno razvaljamo v hlod, robove zalepimo.
f) Poleno narežite na 1-palčne rezine in jih položite na pekač, obložen s pergamentnim papirjem.
g) V manjši skledi zmešamo stopljeno maslo in česen v prahu. S to mešanico namažite vrhove grisincev.
h) Pečemo v ogreti pečici 15-20 minut oziroma do zlato rjave barve.
i) Postrezite toplo z omako marinara za pomakanje.

25. S slanino in čedarjem polnjeni grisini

SESTAVINE:
- 1 funt testa za pico
- 1 skodelica naribanega cheddar sira
- 1/4 skodelice kuhane in zdrobljene slanine
- 2 žlici stopljenega masla
- 1 čajna žlička čebule v prahu
- Ranch preliv za namakanje

NAVODILA:
a) Pečico segrejte na 375 °F (190 °C).
b) Testo za pico razvaljajte v pravokotnik, približno 1/4 palca debelo.
c) Po testu enakomerno potresemo nariban čedar sir.
d) Po siru raztresemo kuhano in nadrobljeno slanino.
e) Testo previdno razvaljamo v hlod, robove zalepimo.
f) Poleno narežite na 1-palčne rezine in jih položite na pekač, obložen s pergamentnim papirjem.
g) V manjši skledi zmešajte stopljeno maslo in čebulo v prahu. S to mešanico namažite vrhove grisincev.
h) Pečemo v ogreti pečici 15-20 minut oziroma do zlato rjave barve.
i) Postrezite toplo z ranch prelivom za namakanje.

GRISSINI

26.Klasični Grissini

SESTAVINE:
- 2 skodelici moke za kruh
- 1 čajna žlička soli
- 1 čajna žlička sladkorja
- 1 žlica olivnega olja
- ¾ skodelice tople vode
- Po želji: sezamovo ali makovo seme za posip

NAVODILA:
a) V skledi za mešanje zmešajte krušno moko, sol in sladkor. Dobro premešajte, da se sestavine enakomerno porazdelijo.
b) V sredino suhih sestavin naredite vdolbino in vanjo vlijte oljčno olje in toplo vodo.
c) Mešajte mešanico z leseno žlico ali rokami, dokler se ne združi v testo.
d) Testo prestavimo na pomokano površino in ga gnetemo približno 5-7 minut, dokler ne postane gladko in elastično.
e) Testo razdelite na manjše dele. Vzemite en del naenkrat in ga razvaljajte v tanko vrvi podobno obliko s premerom približno ¼ palca.
f) Razvaljano testo narežemo na 8-10 cm dolge palčke. Lahko jih naredite krajše ali daljše glede na vaše želje.
g) Grisinijeve palčke položimo na pekač, obložen s peki papirjem. Pustite nekaj prostora med palicami, da se lahko razširijo.
h) Po želji lahko grissini palčke premažete z olivnim oljem in po vrhu potresete sezamova ali makova semena za dodaten okus in teksturo.
i) Pečico segrejte na 400 °F (200 °C).
j) Grisini palčke naj počivajo in vzhajajo približno 15-20 minut.
k) Grisine pečemo v ogreti pečici približno 15-20 minut oziroma dokler ne postanejo zlato rjavi in hrustljavi.
l) Ko so pečeni, vzamemo grisine iz pečice in pustimo, da se ohladijo na rešetki.

27. Česnovo zelišče Grissini

SESTAVINE:
- 1 štruca francoskega kruha (8 unč)
- 1 žlica olivnega olja
- 1 strok česna, prepolovljen
- ¾ čajne žličke posušenega origana
- ¾ čajne žličke posušene bazilike
- ⅛ čajne žličke soli

NAVODILA:
a) Kruh prečno prerežemo na pol, vodoravno pa vsak kos na pol.
b) Olje enakomerno premažite po odrezanih straneh kruha; natrite s česnom. Po kruhu potresemo origano, baziliko in sol. Vsak kos kruha po dolžini narežemo na 3 palčke.
c) Grisine položimo na pekač; pečemo pri 300 stopinjah 25 minut ali dokler ne postane hrustljavo.

28. Rožmarin in parmezan Grissini

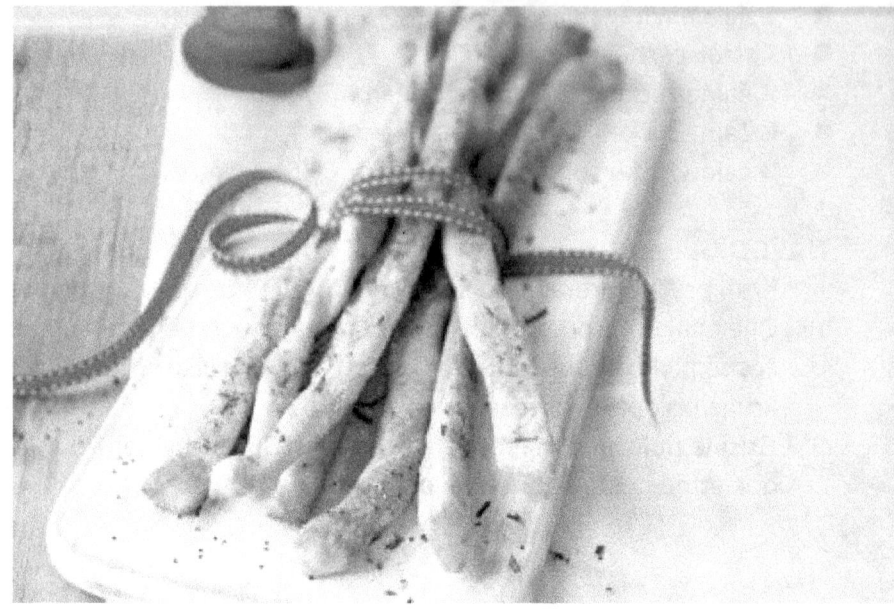

SESTAVINE:
- Klasično testo za grisine (glej recept zgoraj)
- 2 žlici sesekljanega svežega rožmarina
- 1/4 skodelice naribanega parmezana

NAVODILA:
a) Pečico segrejte na 375 °F (190 °C) in obložite pekač s pergamentnim papirjem.
b) Pripravite klasično maso za grisine po izbranem receptu.
c) Ko testo razvaljamo v paličice, po vsaki paličici enakomerno potresemo sesekljan svež rožmarin in nariban parmezan.
d) Rožmarin in parmezan nežno vtisnite v testo, da se lažje sprimeta.
e) Pripravljene palčke iz testa položimo na pripravljen pekač, tako da med vsako pustimo nekaj prostora.
f) Pečemo v predhodno ogreti pečici 12-15 minut oziroma dokler grisini niso zlato rjavi in hrustljavi.
g) Ko so pečeni, Grisine z rožmarinom in parmezanom vzamemo iz pečice in pustimo, da se nekoliko ohladijo na pekaču.
h) Grisine postrezite kot okusno predjed ali prigrizek, bodisi samostojno bodisi z vašimi najljubšimi omakami ali namazi.

29. Grisini s sezamovim semenom

SESTAVINE:
- Klasično testo za grisine (glej recept zgoraj)
- 1/4 skodelice sezamovih semen

NAVODILA:
a) Pečico segrejte na 375 °F (190 °C) in obložite pekač s pergamentnim papirjem.
b) Pripravite klasično maso za grisine po izbranem receptu.
c) Ko testo razvaljate v palice, na ravno ploščo ali površino razporedite sezamova semena.
d) Vsako palico testa povaljajte v sezamovih semenih in zagotovite, da so enakomerno obložene.
e) S sezamom obložene palčke iz testa položimo na pripravljen pekač, tako da med vsako pustimo nekaj prostora.
f) Pečemo v predhodno ogreti pečici 12-15 minut oziroma dokler grisini niso zlato rjavi in hrustljavi.
g) Ko so pečeni, grisine vzamemo iz pečice in pustimo, da se na pekaču nekoliko ohladijo.
h) Grisine s sezamovim semenom postrezite kot okusen prigrizek ali poleg vaših najljubših omak ali namazov.

PRESTICE

30. Alzaška pereca

SESTAVINE:
- 4 skodelice večnamenske moke
- 2 žlički soli
- 2 žlički sladkorja
- 2 ¼ čajne žličke aktivnega suhega kvasa
- 1 skodelica tople vode
- 4 žlice nesoljenega masla, zmehčanega
- Groba sol, za preliv

ZA ALKALNO RAZTOPINO (NEOBVEZNO):
- 4 skodelice vode
- 2 žlici sode bikarbone

NAVODILA:
a) V veliki skledi za mešanje zmešajte moko, sol in sladkor. Dobro premešajte, da se sestavine enakomerno porazdelijo.
b) V manjši posodici raztopimo kvas v topli vodi. Pustite stati približno 5 minut, dokler ne postane penasta.
c) Kvasno mešanico vlijemo v skledo s suhimi sestavinami. Dodamo tudi zmehčano maslo. Mešajte mešanico z leseno žlico ali rokami, dokler ne nastane testo.
d) Testo preložimo na rahlo pomokano površino in ga gnetemo približno 8-10 minut, dokler ne postane gladko in elastično.
e) Testo damo v rahlo pomaščeno skledo in ga pokrijemo s čisto kuhinjsko krpo ali plastično folijo. Pustite ga vzhajati na toplem, brez prepiha, približno 1 do 1 uro in pol ali dokler se ne podvoji.
f) Pečico segrejte na 230 °C (450 °F) in obložite pekač s pergamentnim papirjem.
g) Vzhajano testo udarjamo navzdol, da izpustimo zrak. Testo razdelite na enako velike dele in vsak del razvaljajte v dolgo vrv, dolgo približno 40–50 centimetrov (16–20 palcev).
h) Če želite oblikovati preste, vsako vrv oblikujte v obliko U. Konce dvakrat prekrižajte enega čez drugega, nato konca pritisnite na spodnjo krivuljo oblike U, da ustvarite klasično obliko preste. Preste položite na pripravljen pekač.
i) Po želji pripravite alkalno raztopino tako, da v velikem loncu zavrete vodo. V vrelo vodo dodajte sodo bikarbono. Vsako presto

za približno 10 sekund previdno potopite v vrelo alkalno raztopino, nato pa jo vrnite na pekač. Ta korak da prestem značilno temno in sijočo skorjo. Ta korak lahko tudi preskočite za svetlejšo skorjo.
j) Preste izdatno potresemo z grobo soljo.
k) Bretzel d'Alsace pečemo v predhodno ogreti pečici približno 12-15 minut oziroma dokler ne postanejo zlato rjave barve.
l) Odstranite preste iz pečice in pustite, da se ohladijo na rešetki, preden jih postrežete.

31.Hrustljavi Pretzel Drops

SESTAVINE:
- 2 skodelici zvitkov preste, rahlo zdrobljene
- 1 skodelica nesoljenih arašidov ali mešanih oreščkov
- 1 skodelica mini preste
- 1 skodelica koruznih kosmičev
- 1/4 skodelice nesoljenega masla, stopljenega
- 1 žlica Worcestershire omake
- 1 čajna žlička česna v prahu
- 1 čajna žlička čebule v prahu
- 1/2 čajne žličke paprike
- 1/4 čajne žličke kajenskega popra (neobvezno)

NAVODILA:
a) Pečico segrejte na 250°F (120°C). Pekač obložite s peki papirjem.
b) V veliki skledi zmešajte preste, arašide, mini preste in koruzne kosmiče.
c) V ločeni majhni skledi zmešajte stopljeno maslo, Worcestershire omako, česen v prahu, čebulo v prahu, papriko in kajenski poper (če uporabljate).
d) Mešanico masla prelijte čez mešanico preste in premešajte, da se enakomerno prekrije.
e) Obloženo mešanico preste razporedite na pripravljen pekač v enakomerni plasti.
f) Pecite v predhodno ogreti pečici približno 1 uro in vsakih 15 minut mešajte, dokler preste niso hrustljave in zlato rjave barve.
g) Odstranite iz pečice in pustite, da se popolnoma ohladijo, preden jih postrežete.

32. Preste s karijem

SESTAVINE:
- 2 skodelici zvitkov preste
- 2 žlici nesoljenega masla, stopljenega
- 1 žlica karija v prahu
- 1/2 čajne žličke česna v prahu
- 1/2 čajne žličke čebule v prahu
- 1/4 čajne žličke kajenskega popra (neobvezno)
- Sol po okusu

NAVODILA:
a) Pečico segrejte na 325 °F (160 °C). Pekač obložite s peki papirjem.
b) V veliki skledi zmešajte zvitke preste, stopljeno maslo, kari v prahu, česen v prahu, čebulo v prahu, kajenski poper (če ga uporabljate) in sol. Premešajte, da se preste enakomerno prekrijejo.
c) Obložene preste razporedite po pripravljenem pekaču v eni plasti.
d) Pečemo v ogreti pečici približno 10-15 minut, enkrat ali dvakrat premešamo, dokler preste ne popečejo in zadišijo.
e) Odstranite iz pečice in pustite, da se popolnoma ohladijo, preden jih postrežete.

33.Desertne preste

SESTAVINE:
- Prete palice ali zvitki
- Topljena čokolada ali bonboni (mlečna, temna ali bela čokolada)
- Različni prelivi (npr. posipi, zdrobljeni oreščki, nastrgan kokos)

NAVODILA:
a) Pekač obložite s peki papirjem.
b) Stopite čokolado ali sladkarije v skladu z navodili na embalaži.
c) Vsako presto pomočite v stopljeno čokolado in pustite, da morebitni presežek odteče.
d) Takoj, ko je čokolada še mokra, potresemo s prelivom po izbiri.
e) Okrašene preste položimo na pripravljen pekač.
f) Pustite, da se čokolada strdi na sobni temperaturi ali pa pekač postavite v hladilnik za hitrejše strjevanje.
g) Ko strdi, vzemite iz hladilnika in postrezite.

34. Espresso preste

SESTAVINE:
- 2 skodelici večnamenske moke
- 1 žlica instant espressa v prahu
- 1 čajna žlička soli
- 1 žlica sladkorja
- 1 zavitek (2 ¼ čajne žličke) aktivnega suhega kvasa
- 1 skodelica tople vode
- Groba sol za posipanje
- 1 jajce, pretepeno

NAVODILA:
a) V veliki skledi zmešajte moko, espresso v prahu, sol in sladkor.
b) V ločeni majhni skledi raztopite kvas v topli vodi in pustite stati 5 minut, dokler se ne speni.
c) Mešanico kvasa vlijemo v suhe sestavine in mešamo, dokler ne nastane testo.
d) Testo zvrnemo na pomokano površino in gnetemo približno 5 minut, dokler ni gladko in elastično.
e) Testo damo v pomaščeno skledo, pokrijemo s čisto kuhinjsko krpo in pustimo vzhajati na toplem približno 1 uro oziroma dokler se ne podvoji.
f) Pečico segrejte na 425 °F (220 °C) in obložite pekač s pergamentnim papirjem.
g) Testo razdelite na majhne koščke in vsak kos razvaljajte v obliko dolge vrvi. Testo zvijte v oblike preste.
h) Preste položimo na pripravljen pekač in jih premažemo s stepenim jajcem. Po vrhu potresemo grobo sol.
i) Pečemo 12-15 minut oziroma do zlato rjave barve. Pred serviranjem jih pustite, da se ohladijo.

35. Pennsylvania Dutch Pretzels

SESTAVINE:
- 2 skodelici tople vode
- 1 žlica sladkorja
- 1 žlica aktivnega suhega kvasa
- 4 ½ skodelice večnamenske moke
- 2 žlički soli
- ¼ skodelice sode bikarbone
- Groba sol za posipanje

NAVODILA:
a) V veliki skledi zmešajte toplo vodo in sladkor. Kvas potresemo z vodo in pustimo stati 5 minut ali dokler se ne speni.
b) V skledo dodajte moko in sol ter mešajte, dokler ne nastane testo.
c) Testo zvrnemo na pomokano površino in gnetemo približno 5 minut, dokler ni gladko in elastično.
d) Testo damo v pomaščeno skledo, pokrijemo s čisto kuhinjsko krpo in pustimo vzhajati na toplem približno 1 uro oziroma dokler se ne podvoji.
e) Pečico segrejte na 450 °F (230 °C) in obložite pekač s pergamentnim papirjem.
f) V večjem loncu zavremo vodo in dodamo sodo bikarbono.
g) Testo razdelite na majhne koščke in vsak kos razvaljajte v obliko dolge vrvi. Testo zvijte v oblike preste.
h) Vsako presto za približno 30 sekund potopite v vrelo vodo s sodo bikarbono in jo položite na pripravljen pekač.
i) Po vrhu preste potresemo grobo sol.
j) Pečemo 10-12 minut oziroma do zlato rjave barve. Pred serviranjem jih pustite, da se ohladijo.

36.Preste s poprovim sirom

SESTAVINE:
- 2 skodelici večnamenske moke
- 1 žlica sladkorja
- 1 ½ žličke pecilnega praška
- 1 čajna žlička soli
- 1 čajna žlička črnega popra
- 1 skodelica naribanega popra jack sira
- ½ skodelice mleka
- ¼ skodelice nesoljenega masla, stopljenega
- Groba sol za posipanje

NAVODILA:
a) Pečico segrejte na 425 °F (220 °C) in obložite pekač s pergamentnim papirjem.
b) V veliki skledi zmešajte moko, sladkor, pecilni prašek, sol, črni poper in nariban sir.
c) V ločeni majhni skledi zmešajte mleko in stopljeno maslo.
d) Mešanico mleka in masla vlijemo v suhe sestavine in mešamo, dokler ne nastane testo.
e) Testo zvrnemo na pomokano površino in gnetemo nekaj minut, dokler ni gladko.
f) Testo razdelite na majhne koščke in vsak kos razvaljajte v obliko dolge vrvi. Testo zvijte v oblike preste.
g) Preste položimo na pripravljen pekač in jih po vrhu potresemo z grobo soljo.
h) Pečemo 12-15 minut oziroma do zlato rjave barve. Pred serviranjem jih pustite, da se ohladijo.

37. Peppermint Pretzel Canes

SESTAVINE:
- 12 palic za preste
- 1 skodelica belih čokoladnih koščkov
- ½ čajne žličke izvlečka poprove mete
- Zdrobljene sladkarije za okras

NAVODILA:
a) Pekač obložite s peki papirjem.
b) V posodi, primerni za mikrovalovno pečico, v 30-sekundnih intervalih stopite koščke bele čokolade, vmes mešajte, dokler ni gladka in stopljena.
c) V stopljeno čokolado vmešamo izvleček poprove mete.
d) Vsako palčko preste pomočite v stopljeno čokolado in jo premažite približno ¾ dolžine.
e) Obložene palčke preste položite na pripravljen pekač in po čokoladnem oblivu potresite zdrobljene bonbone.
f) Pekač postavimo v hladilnik za približno 15-20 minut oziroma dokler se čokolada ne strdi.
g) Ko se strdijo, vzemite rezine iz hladilnika in postrezite.

38.Philadelphia mehke preste

SESTAVINE:
- 1 ½ skodelice tople vode
- 1 žlica sladkorja
- 2 žlički soli
- 1 paket (2 ¼ čajne žličke) aktivnega suhega kvasa
- 4 ½ skodelice večnamenske moke
- 4 žlice nesoljenega masla, stopljenega
- Groba sol za posipanje

NAVODILA:
a) V veliki skledi zmešajte toplo vodo, sladkor in sol. Kvas potresemo z vodo in pustimo stati 5 minut ali dokler se ne speni.
b) V skledo dodamo moko in stopljeno maslo ter mešamo, dokler ne nastane testo.
c) Testo zvrnemo na pomokano površino in gnetemo približno 5-7 minut, da postane gladko in elastično.
d) Testo damo v pomaščeno skledo, pokrijemo s čisto kuhinjsko krpo in pustimo vzhajati na toplem približno 1 uro oziroma dokler se ne podvoji.
e) Pečico segrejte na 425 °F (220 °C) in obložite pekač s pergamentnim papirjem.
f) Testo razdelite na enako velike kose in vsak kos razvaljajte v obliko dolge vrvi. Testo oblikujte v oblike preste.
g) Preste položimo na pripravljen pekač in jih po vrhu potresemo z grobo soljo.
h) Pečemo 12-15 minut oziroma do zlato rjave barve. Pred serviranjem jih pustite, da se ohladijo.

39. Schokoladenpretzel (čokoladne preste)

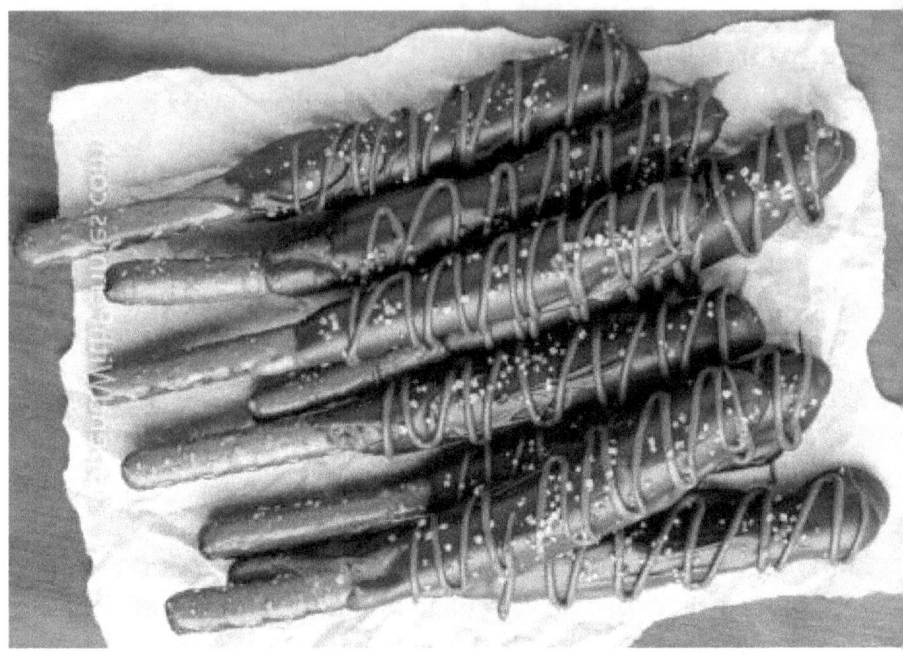

SESTAVINE:
- 12 zvitkov preste ali palic
- 1 skodelica polsladkih čokoladnih koščkov
- 1 žlica rastlinskega olja
- Različni prelivi (posipi, zdrobljeni oreščki, nastrgan kokos itd.)

NAVODILA:
a) Pekač obložite s peki papirjem.
b) V skledi, primerni za mikrovalovno pečico, zmešajte koščke čokolade in rastlinsko olje. V mikrovalovni pečici v 30-sekundnih intervalih, vmes mešajte, dokler se čokolada popolnoma ne stopi in postane gladka.
c) Vsak zavitek preste ali palčko pomočite v stopljeno čokolado in jo popolnoma prekrijte.
d) Pustite, da odvečna čokolada odteče, nato pa obloženo presto položite na pripravljen pekač.
e) Medtem ko je čokolada še mokra, potresite želene prelive na preste.
f) Postopek ponovimo s preostalimi preste.
g) Pekač postavimo v hladilnik za približno 20 minut oziroma dokler se čokolada ne strdi.
h) Ko se strdijo, čokoladne preste vzamemo iz hladilnika in postrežemo.

40. Pajkove perece

SESTAVINE:
- 24 majhnih zvitkov preste
- 1 skodelica polsladkih čokoladnih koščkov
- 48 sladkih oči
- 24 majhnih okroglih bonbonov (M&M ali podobno)

NAVODILA:
a) Pekač obložite s peki papirjem.
b) V posodi, primerni za mikrovalovno pečico, v 30-sekundnih intervalih stopite koščke čokolade in vmes mešajte, dokler ni gladka in stopljena.
c) Vsak zavitek preste do polovice pomočite v stopljeno čokolado, pazite, da pustite konce nepokrite.
d) Preste s čokolado namočite na pripravljen pekač.
e) Na vsako presto blizu vrha pritrdite dve sladki očesi.
f) Na sredino, tik pod oči, postavite majhen okrogel bonbon, da ustvarite pajkovo telo.
g) Postopek ponovimo s preostalimi preste.
h) Pekač postavimo v hladilnik za približno 20 minut oziroma dokler se čokolada ne strdi.
i) Ko se strdijo, pajkove preste vzamemo iz hladilnika in postrežemo.

41. Ajdove preste

SESTAVINE:
- 2 skodelici ajdove moke
- 1 skodelica večnamenske moke
- 2 žlički soli
- 1 čajna žlička sladkorja
- 1 ¼ skodelice tople vode
- 2 ¼ čajne žličke instant kvasa
- Groba sol za posipanje

NAVODILA:
a) V posodi za mešanje zmešamo ajdovo moko, večnamensko moko, sol, sladkor, kvas in toplo vodo. Mešajte, dokler ne nastane testo.
b) Testo gnetemo na rahlo pomokani površini približno 5 minut, dokler ni gladko in elastično.
c) Testo razdelite na enako velike kose in vsak kos zvijte v dolgo vrv.
d) Vrvi oblikujte v preste tako, da konce prekrižate enega čez drugega in pritisnete na spodnjo krivino.
e) Pečico segrejte na 425 °F (220 °C).
f) Preste položite na pekač, obložen s pergamentnim papirjem.
g) Preste potresemo z grobo soljo.
h) Pečemo v predhodno ogreti pečici približno 12-15 minut oziroma do zlato rjave barve.
i) Odstranite iz pečice in pustite, da se nekoliko ohladijo, preden jih postrežete.

42. Čokoladno oblite preste s karamelo

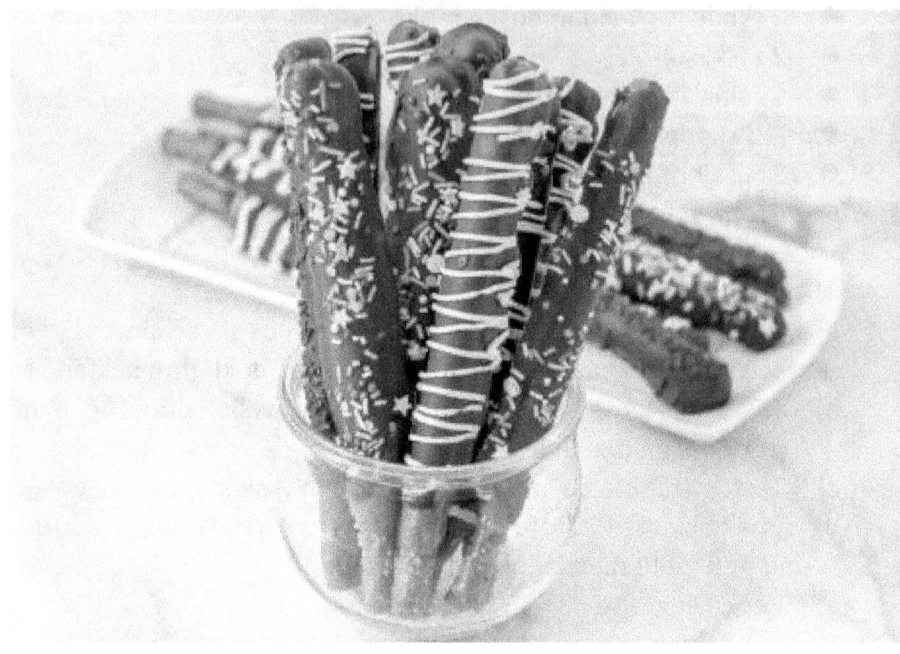

SESTAVINE:
- Palice za preste
- 1 skodelica karamele (nezavite)
- 1 skodelica čokoladnih koščkov
- Različni prelivi (npr. posipi, zdrobljeni oreščki)

NAVODILA:
a) Pekač obložite s peki papirjem.
b) Karamele stopite v posodi, primerni za mikrovalovno pečico, v skladu z navodili na embalaži.
c) Vsako palico preste potopite v stopljeno karamelo in pustite, da odvečna količina odteče. S karamelom obložene preste položimo na pripravljen pekač.
d) Pekač za približno 15 minut postavimo v hladilnik, da se karamela strdi.
e) V drugi skledi, primerni za uporabo v mikrovalovni pečici, v mikrovalovni pečici stopite čokoladne koščke in mešajte vsakih 30 sekund, dokler ni gladka.
f) Vsako s karamelom obloženo presto potopite v stopljeno čokolado in pustite, da odvečna količina odteče.
g) Takoj, ko je čokolada še mokra, potresemo s prelivom po izbiri.
h) S čokolado namočene preste položite nazaj na pekač in ohladite, dokler se čokolada ne strdi.
i) Ko strdi, vzemite iz hladilnika in postrezite.

43. Čokoladne mandljeve preste

SESTAVINE:
- Palice za preste
- 1 skodelica čokoladnih koščkov
- ½ skodelice sesekljanih mandljev

NAVODILA:
a) Pekač obložite s peki papirjem.
b) Čokoladne koščke raztopite v posodi, primerni za mikrovalovno pečico, in mešajte vsakih 30 sekund, dokler ne postane gladka.
c) Vsako paličico preste pomočite v stopljeno čokolado in pustite, da morebitni presežek odteče.
d) S čokolado namočene preste takoj povaljajte v sesekljanih mandljih in rahlo pritisnite, da se primejo.
e) Čokoladne mandljeve preste položimo na pripravljen pekač.
f) Pustite, da se čokolada strdi na sobni temperaturi ali pa pekač postavite v hladilnik za hitrejše strjevanje.
g) Ko strdi, vzemite iz hladilnika in postrezite.

44. Čokoladni piškoti s prestami

SESTAVINE:
- 1 skodelica masla, zmehčano
- 1 skodelica granuliranega sladkorja
- 1 skodelica rjavega sladkorja
- 2 veliki jajci
- 2 žlički vanilijevega ekstrakta
- 2 ½ skodelice večnamenske moke
- ½ skodelice nesladkanega kakava v prahu
- 1 čajna žlička sode bikarbone
- ½ čajne žličke soli
- 2 skodelici sesekljane preste
- 1 skodelica čokoladnih koščkov

NAVODILA:
a) Pečico segrejte na 350°F (175°C). Pekače obložite s pergamentnim papirjem.
b) V veliki posodi za mešanje zmešajte maslo, granulirani sladkor in rjavi sladkor, dokler ne postane svetlo in puhasto.
c) Dodajte jajca eno za drugo, po vsakem dodajanju dobro stepite. Vmešajte vanilijev ekstrakt.
d) V ločeni skledi zmešajte moko, kakav v prahu, sodo bikarbono in sol.
e) Masleni mešanici postopoma dodajte suhe sestavine in mešajte, dokler se dobro ne povežejo.
f) Zložite narezane preste in čokoladne koščke.
g) Zaobljene jedilne žlice testa polagajte na pripravljene pekače tako, da so med njimi približno 2 cm narazen.
h) Pečemo v ogreti pečici 10-12 minut oziroma dokler se robovi ne strdijo.
i) Odstranite iz pečice in pustite, da se piškoti nekaj minut ohladijo na pekaču, preden jih prestavite na rešetko, da se popolnoma ohladijo.

45. Preste s čokolado

SESTAVINE:
- Prete zvitki ali palice
- 1 skodelica čokoladnih koščkov (mlečna, temna ali bela čokolada)
- Različni prelivi (npr. posipi, zdrobljeni oreščki, nastrgan kokos)

NAVODILA:
a) Pekač obložite s peki papirjem.
b) Čokoladne koščke raztopite v posodi, primerni za mikrovalovno pečico, in mešajte vsakih 30 sekund, dokler ne postane gladka.
c) Vsako presto pomočite v stopljeno čokolado in pustite, da morebitni presežek odteče.
d) Preste s čokolado namočite na pripravljen pekač.
e) Takoj, ko je čokolada še mokra, potresemo s prelivom po izbiri.
f) Pekač za približno 15-20 minut postavimo v hladilnik, da se čokolada strdi.
g) Ko se čokolada strdi, vzemite iz hladilnika in postrezite.

46. Česnove zeliščne preste

SESTAVINE:
- 2 ¼ skodelice večnamenske moke
- 1 čajna žlička soli
- 1 žlica sladkorja
- 2 ¼ čajne žličke instant kvasa
- 1 skodelica tople vode
- 2 žlici sode bikarbone
- 1/4 skodelice nesoljenega masla, stopljenega
- 2 stroka česna, nasekljana
- 1 žlica drobno sesekljanih svežih zelišč (npr. peteršilj, timijan, rožmarin)

NAVODILA:
a) V veliki skledi za mešanje zmešajte večnamensko moko, sol, sladkor in instant kvas. Dobro premešaj.
b) Suhim sestavinam dodajte toplo vodo in mešajte, dokler ne nastane testo.
c) Testo prestavimo na pomokano površino in ga gnetemo približno 5 minut, dokler ne postane gladko in elastično. Za ta korak lahko uporabite tudi stoječi mešalnik s kavljem za testo.
d) Testo damo v pomaščeno skledo in pokrijemo s čisto kuhinjsko krpo. Pustite ga vzhajati na toplem približno 1 uro oziroma dokler se ne podvoji.
e) Pečico segrejte na 425 °F (220 °C) in obložite pekač s pergamentnim papirjem.
f) V plitvi posodi zmešajte sodo bikarbono in toplo vodo, da dobite raztopino.
g) Ko je testo vzhajano, ga udarjamo navzdol, da izpustimo zrak. Razdelite ga na 12 enakih delov.
h) Vzemite en del testa in ga razvaljajte v dolgo vrv, dolgo približno 20 palcev (50 cm).
i) Testo oblikujte v presto, tako da oblikujete U-obliko, konca prekrižate enega čez drugega, nato pa ju zasukate in pritisnete na spodnji del U-oblike.

j) Vsako presto potopite v raztopino sode bikarbone in zagotovite, da sta obe strani prevlečeni. Ta korak da prestem njihovo značilno žvečljivo teksturo.
k) Namočene preste položite na pripravljen pekač.
l) V manjši skledi zmešamo stopljeno maslo, sesekljan česen in sesekljana sveža zelišča.
m) Z mešanico masla in zelišč izdatno premažite vsako presto, tako da so vse površine prevlečene.
n) Preste pečemo v ogreti pečici približno 12-15 minut oziroma dokler ne postanejo zlato rjave barve.
o) Preste vzamemo iz pečice in pustimo, da se nekoliko ohladijo, preden jih postrežemo.

47. Jalebis

SESTAVINE:
- 1 skodelica večnamenske moke
- 1 žlica zdroba
- 1 čajna žlička pecilnega praška
- 1/2 skodelice navadnega jogurta
- 1/2 skodelice tople vode
- 1 čajna žlička žafrana (neobvezno)
- Olje za cvrtje
- Za sirup:
- 1 skodelica sladkorja
- 1/2 skodelice vode
- 1/2 čajne žličke kardamoma v prahu
- Nekaj pramenov žafrana (neobvezno)

NAVODILA:
a) V skledi za mešanje zmešajte večnamensko moko, zdrob in pecilni prašek.
b) V ločeni majhni skledi raztopite pramene žafrana v topli vodi.
c) Suhim sestavinam dodajte jogurt in žafranovo vodo ter dobro premešajte, da dobite gladko testo. Konzistenca mora biti gosta, a tekoča.
d) Skledo pokrijemo s čisto krpo in pustimo testo počivati vsaj 30 minut.
e) Medtem pripravite sirup, tako da v ponvi zmešate sladkor in vodo. Zavremo in pustimo vreti približno 5 minut, dokler se sladkor ne raztopi in se sirup rahlo zgosti. Po želji dodajte kardamom v prahu in pramene žafrana. Odstranite z ognja in odstavite, da se ohladi.
f) V globoki ponvi ali loncu segrejemo olje za cvrenje.
g) S testom napolnite cevno vrečko, opremljeno z majhno okroglo konico.
h) Testo v obliki spirale ali preste vlijemo neposredno v vroče olje. Cvremo do zlato rjave barve na obeh straneh.
i) Ocvrte jalebise poberemo iz olja in preložimo neposredno v pripravljen sirup. Pustimo, da se namakajo minuto ali dve, nato jih odstranimo in preložimo na servirni krožnik.
j) Jalebis postrezite toplo ali pri sobni temperaturi.

48.Kringler (danski kruhki v obliki perec)

SESTAVINE:
- 2 1/4 skodelice večnamenske moke
- 2 žlici granuliranega sladkorja
- 1 čajna žlička instant kvasa
- 1/2 čajne žličke soli
- 1/2 skodelice mleka, mlačnega
- 2 žlici nesoljenega masla, stopljenega
- 1 jajce, pretepeno
- Za preliv:
- 1 jajce, pretepeno
- Biserni sladkor ali grob sladkor za posipanje

NAVODILA:
a) V veliki skledi za mešanje zmešajte moko, sladkor, instant kvas in sol.
b) Suhim sestavinam dodamo mlačno mleko, stopljeno maslo in stepeno jajce. Mešajte, dokler se testo ne združi.
c) Testo prenesite na rahlo pomokano površino in gnetite približno 5-7 minut, dokler ni gladko in elastično.
d) Testo damo nazaj v skledo, pokrijemo s čisto krpo in pustimo vzhajati na toplem približno 1 uro oziroma dokler se ne podvoji.
e) Pečico segrejte na 375 °F (190 °C). Pekač obložite s peki papirjem.
f) Testo razdelite na 6 enakih kosov. Vsak kos zvijte v dolgo vrv, dolgo približno 20 centimetrov.
g) Vsako vrv oblikujte v presti podoben vozel, konca prekrižajte enega čez drugega in jih potisnite pod testo.
h) Oblikovane kringlerje položimo na pripravljen pekač. Premažemo jih s stepenim jajcem in potresemo z bisernim ali grobim sladkorjem.
i) Pečemo v predhodno ogreti pečici približno 12-15 minut oziroma do zlato rjave barve.
j) Odstranite iz pečice in pustite, da se nekoliko ohladijo, preden jih postrežete.

49. Neujahrspretzel (novoletne preste)

SESTAVINE:
- 4 skodelice večnamenske moke
- 1 čajna žlička soli
- 1 žlica sladkorja
- 2 1/4 čajne žličke instant kvasa
- 1 1/2 skodelice mlačnega mleka
- 1/4 skodelice nesoljenega masla, stopljenega
- Groba sol za posipanje

NAVODILA:
a) V skledi za mešanje zmešajte moko, sol, sladkor in instant kvas.
b) Suhim sestavinam dodamo mlačno mleko in stopljeno maslo. Mešajte, dokler se testo ne združi.
c) Testo prenesite na rahlo pomokano površino in gnetite približno 5-7 minut, dokler ni gladko in elastično.
d) Testo damo nazaj v skledo, pokrijemo s čisto krpo in pustimo vzhajati na toplem približno 1 uro oziroma dokler se ne podvoji.
e) Pečico segrejte na 400°F (200°C). Pekač obložite s peki papirjem.
f) Testo razdelite na 8 enakih kosov. Vsak kos zvijte v dolgo vrv, dolgo približno 20 centimetrov.
g) Vsako vrv oblikujte v presto, tako da konca prekrižate drug čez drugega in pritisnete na spodnjo krivino. Ponovite s preostalim testom.
h) Oblikovane preste položimo na pripravljen pekač. Potresemo z grobo soljo.
i) Pečemo v predhodno ogreti pečici približno 15-18 minut oziroma do zlato rjave barve.
j) Odstranite iz pečice in pustite, da se nekoliko ohladijo, preden jih postrežete.

50.Old Country pinjenec preste

SESTAVINE:
- 3 skodelice večnamenske moke
- 1 žlica sladkorja
- 2 1/4 čajne žličke instant kvasa
- 1 čajna žlička soli
- 1 skodelica pinjenca
- 1/4 skodelice nesoljenega masla, stopljenega
- Groba sol za posipanje

NAVODILA:
a) V skledi za mešanje zmešajte moko, sladkor, instant kvas in sol.
b) Suhim sestavinam dodajte pinjenec in stopljeno maslo. Mešajte, dokler se testo ne združi.
c) Testo prenesite na rahlo pomokano površino in gnetite približno 5-7 minut, dokler ni gladko in elastično.
d) Testo damo nazaj v skledo, pokrijemo s čisto krpo in pustimo vzhajati na toplem približno 1 uro oziroma dokler se ne podvoji.
e) Pečico segrejte na 425 °F (220 °C). Pekač obložite s peki papirjem.
f) Testo razdelite na 12 enakih kosov. Vsak kos zvijte v dolgo vrv, dolgo približno 20 centimetrov.
g) Vsako vrv oblikujte v presto, tako da konca prekrižate drug čez drugega in pritisnete na spodnjo krivino. Ponovite s preostalim testom.
h) Oblikovane preste položimo na pripravljen pekač. Potresemo z grobo soljo.
i) Pečemo v predhodno ogreti pečici približno 12-15 minut oziroma do zlato rjave barve.
j) Odstranite iz pečice in pustite, da se nekoliko ohladijo, preden jih postrežete.

51.Z jogurtom prekrite preste

SESTAVINE:
- Palice za preste ali zvitki za preste
- Grški jogurt (navaden ali z okusom)
- Posipi ali barvni sladkor (neobvezno)

NAVODILA:
a) Pekač obložite s peki papirjem.
b) Preste pomočite v grški jogurt in jih do polovice premažite.
c) Z jogurtom oblite preste položimo na pripravljen pekač.
d) Po želji po jogurtovem oblivu posujemo posip ali barvni sladkor.
e) Pekač postavimo v hladilnik za približno 30 minut oziroma dokler se jogurt ne strdi.
f) Ko se strdijo, z jogurtom oblite preste zapakirajte v škatlo za malico.

CURROS IZ GRUSOVIH PALIC

52.Osnovni Churros

SESTAVINE:
- ¼ skodelice masla ali margarine,
- Narežemo na majhne koščke
- ⅛ čajne žličke soli
- 1¼ skodelice večnamenske moke, presejane
- 3 jajca
- ¼ čajne žličke ekstrakta vanilije
- Solatno olje za globoko cvrtje
- ½ čajne žličke cimeta
- ½ skodelice sladkorja

NAVODILA:
a) V srednji ponvi zmešajte maslo s ½ skodelice vode. Mešajte na majhnem ognju, dokler se maslo ne stopi. Samo zavrite; dodajte sol in odstavite z ognja.
b) Enkrat dodajte moko; močno stepemo z leseno žlico. na majhnem ognju stepajte, dokler ni zelo gladko - približno 2 minuti. Odstranite z ognja; nekoliko ohladimo. Eno za drugim stepemo jajca in po vsakem dodajanju dobro stepemo. Dodajte vanilijo.
c) Nadaljujte s stepanjem, dokler zmes ne dobi satenastega sijaja.
d) Medtem v globoki ponvi ali cvrtniku počasi segrejte solatno olje (vsaj 1-½ palca) na 380*F na termometru za cvrtje. Mešanico za krofe potisnite skozi veliko slaščičarsko vrečko z veliko, nagubano konico, široko ½ palca. Z mokrimi škarjami narežite testo na 2 palca dolge kose, ko pade v vroče olje.
e) Cvremo po nekaj naenkrat, 2 minuti na vsaki strani ali do zlato rjave barve. Dvignite z žlico z režami; dobro odcedimo na papirnatih brisačah.
f) Medtem v srednji skledi zmešajte cimet in sladkor. Odcejene krofe stresite v mešanico sladkorja, da se dobro prekrijejo. Postrežemo toplo.

53. Churros s cimetom

SESTAVINE:

- ¼ skodelice masla
- 1 skodelica sladkorja
- 1 žlica sladkorja
- ½ skodelice belega koruznega zdroba
- ½ skodelice moke
- 3 velika jajca
- 2 žlički cimeta

NAVODILA:

a) V srednje veliki ponvi segrejte maslo z 1 žlico sladkorja, ½ čajne žličke soli in 1 skodelico vode do vrenja. odstranite ponev z ognja; takoj dodajte koruzni zdrob in moko naenkrat. na majhnem ognju,

b) Mešanico kuhajte ob stalnem mešanju, dokler testo ne oblikuje krogle, približno 1 minuto. vmešajte jajca, enega za drugim, močno stepajte po vsakem dodatku, dokler testo ni gladko. pekač obložite s papirnatimi brisačami.

c) V papirnati vrečki ali veliki skledi zmešajte preostali sladkor s cimetom. v globoki težki ponvi ali nizozemski pečici segrejte 3 cm solatnega olja na 375 stopinj F. testo vstavite v slaščičarsko vrečko s konico s številko 6. 5" dolžine testa v vroče olje.

d) Cvremo na obeh straneh, dokler ne porjavijo, približno 1½ minute na vsako stran. z žlico z režami odstranite churros iz olja in položite na pekač. še vroče damo v vrečko in obložimo z mešanico cimeta in sladkorja. postrezite takoj.

54. Churros in čokolada

SESTAVINE:
- 2 skodelici moke
- 2 žlici sladkorja
- 1 čajna žlička cimeta
- 3 skodelice vode
- ¼ skodelice ekstra deviškega oljčnega olja plus
- 3 skodelice
- ½ skodelice super finega sladkorja

NAVODILA:
a) V veliki posodi za mešanje zmešajte moko, sladkor in cimet. V 6-litrsko ponev dajte vodo, dodajte ¼ skodelice olja in na hitro zavrite. Mešanico moke naenkrat stresite v ponev, odstranite z ognja in mešajte, dokler ni gladka. Pokrijte s plastično folijo in pustite, da se ohladi pol ure.
b) Segrejte olje na 375 stopinj F.
c) Testo dajte v slaščičarsko vrečko z velikimi 6- do 8-točkovnimi nastavki in nanesite na vroče olje 6-palčne kose. Cvremo do zlato rjave barve na obeh straneh.
d) Odstranite, odcedite na papirnatih brisačah in še tople posujte s finim sladkorjem.

55. Trpotec Churro s

SESTAVINE:
- 3 trpotci -- olupljeni
- Limonin sok
- 4 jajca
- ¼ skodelice moke
- ½ čajne žličke soli

NAVODILA:
a) Banane olupite in po dolžini razrežite. Vsak kos prerežite na pol in pomakajte v limoninem soku.
b) Če želite narediti testo, stepajte jajčne rumenjake, dokler ne postanejo gosti in svetli.
c) Dodamo moko in sol.
d) Iz beljakov stepemo trd sneg, ne suh, in ga vmešamo v rumenjake.
e) Odcejene koščke banan enega za drugim polagajte v testo.
f) Poberite z žlico z režami in nežno potisnite v vroče olje v težki ponvi (olje približno 1 cm globoko).
g) Kuhajte na srednjem ognju in skoraj takoj obrnite. Pečemo, dokler ne porjavi na obeh straneh.
h) Odcedite na papirnati brisači.

56. Red Velvet Spanish Churros

SESTAVINE:
- 1 skodelica vode
- 1/4 skodelice nesoljenega masla
- 1 žlica granuliranega sladkorja
- 1/4 žličke soli
- 1 skodelica večnamenske moke
- 1 veliko jajce
- Rastlinsko olje, za cvrtje
- Za premazovanje
- 1/2 skodelice granuliranega sladkorja
- 3/4 žličke mletega cimeta

NAVODILA:
a) V skledo dodamo moko, sol, moko in z metlico premešamo
b) V ponev dodajte maslo in ga stopite, dodajte vodo in pustite, da zavre
c) Dodajte rdečo jedilno barvo. Dodajte mešanico moke
d) Dodajte moko, zmanjšajte temperaturo na srednje nizko in kuhajte ter nenehno mešajte z leseno žlico, dokler se zmes ne začne združevati
e) Dodajte polovico stepenega jajca in mlin, dokler se dobro ne združi
f) Dodajte preostala stepena jajca in mešajte, dokler ni gladka in dobro združena
g) V idealnem primeru uporabite cevno vrečko z začetnim nastavkom za ustvarjanje pristnih španskih churrosov. Nisem imel cevne vrečke, zato sem improviziral s plastičnim rezom na koncu. Uporabite kozarec in vanjo položite cevno vrečko, dodajte pecivo v vrečko, dokler ni napolnjena
h) Testo damo v segreto olje. S kuharskimi škarjami odrežite želeno dolžino
i) V olje dodamo nekaj testa za churrose in kuhamo, dokler niso zlato rjavi in hrustljavi. V ponev dodajte sladkor, dodajte cimet in dobro premešajte
j) Churrose pomočite v mešanico sladkorja in cimeta ter jih zvijajte, dokler niso enakomerno prevlečeni
k) Zunaj hrustljavo, a znotraj tako puhasto mehko

57. San Diablo Artisan Churros

SESTAVINE:
- 1 skodelica vode
- 2 oz. nesoljeno maslo
- 1 skodelica visoko kakovostne pekovske moke
- 3/4 žličke sol
- 1 veliko jajce
- 1 čajna žlička vanilije

NAVODILA:
a) Dodajte vodo in maslo v ponev in zavrite, pazite, da se maslo popolnoma stopi.
b) V ponev z vodo/maslom dodamo moko in sol, pustimo na ognju in močno mešamo, dokler ne ostane več grudic moke in testo postane kepa. Odstranite toploto.
c) Vroče testo dajte v običajno posodo mešalnika, mešajte z nastavkom za lopatice pri nizki temperaturi in pustite, da para uhaja in testo.
d) Medtem ko testo spušča paro, v ločeni skledi zmešamo jajce in vanilijo.
e) Dodajte jajčno zmes v testo in pospešite mešalnik.
f) Če se testo preveč lepi na stene mešalnika: ustavite mešalnik, postrgajte po stranicah in zamašite, ponavljajte, dokler testo ni gladko in konsistence podobne testu za igranje.
g) Testo postavimo v hladilnik, da se ohladi za približno 10 minut.
h) Ko je testo ohlajeno, ste pripravljeni za pripravo okusnih churrosov! Testo položite v svoj San Diablo Churro Maker ali cevno vrečko in ga hranite v hladilniku za pozneje.
i) Predgrejte olje v cvrtniku ali ponvi na 375 °F/190 °C s približno 2" olja.
j) Počasi zavrtite gumb navzdol na aparatu za peko San Diablo Churro, da iztisnete testo za churro skozi nastavek. Ali pa napeljite testo za churro skozi cevno vrečko. Ko skozi nastavek potisnete želeno količino testa za churro, ga odrežite z nožem za maslo ali s prstom.
k) Vsak surov churro nežno položite v vroče olje. Prosim, bodi previden! Da bi se izognili brizganju vročega olja, vsekakor

priporočamo, da Churro Maker nagnete navpično in blizu (vendar ne preblizu) površini vročega olja.

l) Opazujte, kako se churros cvre v vročem olju in po potrebi obračajte s kovinskimi kleščami, da celoten churro postane idealno zlato rjav hrustljav (običajno 3-4 minute).

m) S kovinskimi kleščami odstranite svoje vroče, sveže umetnine churro iz vročega olja ali cvrtnika in ohladite na krožniku, ki ste ga pripravili.

n) Ko se vaši churrosi nekoliko ohladijo, a so še topli, jih potresite z želeno količino cimetovega sladkorja San Diablo.

o) Z Dulce de Leche, Nutello ali sladko smetano napolnite po želji s stiskalno steklenico ali eno od San Diablo steklenic za ponovno uporabo.

58.Pečen Churros

SESTAVINE:
- 1 skodelica (8 oz/225 g) vode
- 1/2 skodelice (4 oz/113 g) masla
- 1/2 žličke vanilijevega ekstrakta
- 2 žlici sladkorja
- 1/4 žličke soli
- 143 g navadne/univerzalne moke
- 3 jajca (sobne temperature)

NAVODILA:
a) Pečico segrejte na 400 °F (200 °C). Obložite pergamentni papir; dati na stran.
b) V srednje veliko ponev dodajte vodo, sladkor, sol in maslo.
c) Postavite na srednje močan ogenj.
d) Segrevajte, dokler se maslo ne stopi in mešanica začne vreti.
e) Takoj, ko zavre, vmešamo moko.
f) Mešajte, dokler ni mokastih grudic in se oblikuje kepa testa.
g) Zdaj z leseno žlico premešajte testo okoli lonca in ga kuhajte približno minuto na MAJKEM ognju.
h) Zmes se bo strdila in se odmaknila od stranic
i) Z leseno žlico dodajte malo jajčne mešanice v testo. Mešajte in pretlačite ter razdrobite testo, dokler se ne zrahlja. Dobro premešajte, dokler se jajca ne zmešajo in dobi mešanica videz pire krompirja.
j) Nadaljujte z dodajanjem jajc, dokler se ne združijo
k) To storite tako, da pritisnete na vrečko in počasi režete s škarjami.
l) Pustite približno 2 cm prostora med churrosi.
m) Pečemo približno 18-22 minut oziroma do zlato rjave barve.
n) POTEM pečico izključite in jih pustite tam 10 minut, da se malo posušijo. Ta korak jim pomaga, da ohranijo svojo obliko in se ne sploščijo, ko se ohladijo.
o) Samo za minuto :), nato odstavimo z ognja in odstavimo.
p) V vrču zmešajte jajca in vanilijo ter skupaj zmešajte.
q) Testo prenesite v cevno vrečko z zvezdastim nastavkom.
r) Testo razvaljajte v dolge churrose na pekače, pokrite s pergamentom. Prepričajte se, da so lepi in debeli.

s) Zmešajte sladkor, cimet in sol v vrečki z zadrgo.
t) Churrose vzemite neposredno iz pečice in jih stresite v mešanico, dokler niso dobro pokriti. Najbolje je, da to storite, ko so churrosi topli in sveže iz pečice.
u) Uživajte v domačih churrosih.

59. Čokoladni Churros

SESTAVINE:
- 1 skodelica vode
- 2 žlici sladkorja
- 1/2 čajne žličke soli
- 2 žlici rastlinskega olja
- 1 skodelica večnamenske moke
- Rastlinsko olje za cvrtje
- 1/4 skodelice sladkorja v prahu (za posipanje)
- 1/2 skodelice čokoladnih koščkov
- 1/4 skodelice težke smetane

NAVODILA:
a) V ponvi zmešajte vodo, sladkor, sol in rastlinsko olje. Mešanico zavremo.
b) Odstavite ponev z ognja in dodajte moko. Mešajte, dokler mešanica ne oblikuje krogle testa.
c) V globoki ponvi ali loncu na srednjem ognju segrejte rastlinsko olje.
d) Testo prenesite v cevno vrečko, opremljeno z zvezdasto konico.
e) Testo položite v vroče olje in ga z nožem ali škarjami narežite na 4-6 cm dolge kose.
f) Cvremo do zlato rjave barve z vseh strani, občasno obrnemo.
g) Churros odstranite iz olja in odcedite na papirnati brisači.
h) Churros potresemo s sladkorjem v prahu.
i) V skledi, primerni za mikrovalovno pečico, zmešajte koščke čokolade in smetano. Postavite v mikrovalovno pečico v 30-sekundnih intervalih in vmes mešajte, dokler ni gladka.
j) Churrose postrezite s čokoladno omako za namakanje.

60. Churrosi s karamelo

SESTAVINE:
- 1 skodelica vode
- 2 žlici sladkorja
- 1/2 čajne žličke soli
- 2 žlici rastlinskega olja
- 1 skodelica večnamenske moke
- Rastlinsko olje za cvrtje
- 1/4 skodelice sladkorja (za premaz)
- 1 čajna žlička mletega cimeta (za premaz)
- Pripravljena karamelna omaka

NAVODILA:

a) V ponvi zmešajte vodo, sladkor, sol in rastlinsko olje. Mešanico zavremo.
b) Odstavite ponev z ognja in dodajte moko. Mešajte, dokler mešanica ne oblikuje krogle testa.
c) V globoki ponvi ali loncu na srednjem ognju segrejte rastlinsko olje.
d) Testo prenesite v cevno vrečko, opremljeno z zvezdasto konico.
e) Testo položite v vroče olje in ga z nožem ali škarjami narežite na 4-6 cm dolge kose.
f) Cvremo do zlato rjave barve z vseh strani, občasno obrnemo.
g) Churros odstranite iz olja in odcedite na papirnati brisači.
h) V ločeni skledi zmešajte sladkor in cimet. Churrose povaljajte v mešanici cimetovega sladkorja, dokler niso prevlečeni.
i) S pomočjo brizge ali slaščičarske vrečke napolnite churrose s pripravljeno karamelno omako.
j) S karamelo polnjene churrose postrezite tople.

61. Pumpkin Spice Churros

SESTAVINE:
- 1 skodelica vode
- 2 žlici sladkorja
- 1/2 čajne žličke soli
- 2 žlici rastlinskega olja
- 1 skodelica večnamenske moke
- 1 čajna žlička mešanice začimb za buče
- Rastlinsko olje za cvrtje
- 1/4 skodelice sladkorja (za premaz)
- 1 čajna žlička mletega cimeta (za premaz)

NAVODILA:
a) V ponvi zmešajte vodo, sladkor, sol in rastlinsko olje. Mešanico zavremo.
b) Odstavite ponev z ognja in dodajte moko in mešanico začimb za buče. Mešajte, dokler mešanica ne oblikuje krogle testa.
c) V globoki ponvi ali loncu na srednjem ognju segrejte rastlinsko olje.
d) Testo prenesite v cevno vrečko, opremljeno z zvezdasto konico.
e) Testo položite v vroče olje in ga z nožem ali škarjami narežite na 4-6 cm dolge kose.
f) Cvremo do zlato rjave barve z vseh strani, občasno obrnemo.
g) Churros odstranite iz olja in odcedite na papirnati brisači.
h) V ločeni skledi zmešajte sladkor in cimet. Churrose povaljajte v mešanici cimetovega sladkorja, dokler niso prevlečeni.
i) Churrose z bučnimi začimbami postrezite tople s sladkorjem v prahu.

62. Churros brez glutena

SESTAVINE:
- 1 skodelica vode
- 2 žlici sladkorja
- 1/2 čajne žličke soli
- 2 žlici rastlinskega olja
- 1 skodelica večnamenske moke brez glutena
- Rastlinsko olje za cvrtje
- 1/4 skodelice sladkorja (za premaz)
- 1 čajna žlička mletega cimeta (za premaz)

NAVODILA:
a) V ponvi zmešajte vodo, sladkor, sol in rastlinsko olje. Mešanico zavremo.
b) Odstavite ponev z ognja in dodajte brezglutensko večnamensko moko. Mešajte, dokler mešanica ne oblikuje krogle testa.
c) V globoki ponvi ali loncu na srednjem ognju segrejte rastlinsko olje.
d) Testo prenesite v cevno vrečko, opremljeno z zvezdasto konico.
e) Testo položite v vroče olje in ga z nožem ali škarjami narežite na 4-6 cm dolge kose.
f) Cvremo do zlato rjave barve z vseh strani, občasno obrnemo.
g) Churros odstranite iz olja in odcedite na papirnati brisači.
h) V ločeni skledi zmešajte sladkor in cimet. Churrose povaljajte v mešanici cimetovega sladkorja, dokler niso prevlečeni.
i) Brezglutenske churrose postrezite tople z izbrano omako za namakanje.

63.Churrosi, polnjeni z nutelo

SESTAVINE:
- 1 skodelica vode
- 2 žlici sladkorja
- 1/2 čajne žličke soli
- 2 žlici rastlinskega olja
- 1 skodelica večnamenske moke
- Rastlinsko olje za cvrtje
- 1/4 skodelice sladkorja (za premaz)
- 1 čajna žlička mletega cimeta (za premaz)
- Nutella (ali katerikoli drug čokoladno-lešnikov namaz)

NAVODILA:
a) V ponvi zmešajte vodo, sladkor, sol in rastlinsko olje. Mešanico zavremo.
b) Odstavite ponev z ognja in dodajte moko. Mešajte, dokler mešanica ne oblikuje krogle testa.
c) V globoki ponvi ali loncu na srednjem ognju segrejte rastlinsko olje.
d) Testo prenesite v cevno vrečko, opremljeno z zvezdasto konico.
e) Testo položite v vroče olje in ga z nožem ali škarjami narežite na 4-6 cm dolge kose.
f) Cvremo do zlato rjave barve z vseh strani, občasno obrnemo.
g) Churros odstranite iz olja in odcedite na papirnati brisači.
h) V ločeni skledi zmešajte sladkor in cimet. Churrose povaljajte v mešanici cimetovega sladkorja, dokler niso prevlečeni.
i) Churrose s pomočjo brizgalke ali slaščičarske vrečke napolnimo z Nutello ali čokoladno-lešnikovim namazom.
j) Z nutello polnjene churrose postrezite tople.

64. Churro sladoledni sendviči

SESTAVINE:
- 1 skodelica vode
- 2 žlici sladkorja
- 1/2 čajne žličke soli
- 2 žlici rastlinskega olja
- 1 skodelica večnamenske moke
- Rastlinsko olje za cvrtje
- 1/4 skodelice sladkorja (za premaz)
- 1 čajna žlička mletega cimeta (za premaz)
- Sladoled po izbiri

NAVODILA:
a) V ponvi zmešajte vodo, sladkor, sol in rastlinsko olje. Mešanico zavremo.
b) Odstavite ponev z ognja in dodajte moko. Mešajte, dokler mešanica ne oblikuje krogle testa.
c) V globoki ponvi ali loncu na srednjem ognju segrejte rastlinsko olje.
d) Testo prenesite v cevno vrečko, opremljeno z zvezdasto konico.
e) Testo položite v vroče olje in ga z nožem ali škarjami narežite na 4-6 cm dolge kose.
f) Cvremo do zlato rjave barve z vseh strani, občasno obrnemo.
g) Churros odstranite iz olja in odcedite na papirnati brisači.
h) V ločeni skledi zmešajte sladkor in cimet. Churrose povaljajte v mešanici cimetovega sladkorja, dokler niso prevlečeni.
i) Pustite, da se churros nekoliko ohladi.
j) Churros vodoravno narežite in med obe polovici položite kepico sladoleda.
k) Sladoledne sendviče churro postrezite takoj.

65. Dulce de Leche Churros

SESTAVINE:
- 1 skodelica vode
- 2 žlici sladkorja
- 1/2 čajne žličke soli
- 2 žlici rastlinskega olja
- 1 skodelica večnamenske moke
- Rastlinsko olje za cvrtje
- 1/4 skodelice sladkorja (za premaz)
- 1 čajna žlička mletega cimeta (za premaz)
- Pripravljen dulce de leche

NAVODILA:
a) V ponvi zmešajte vodo, sladkor, sol in rastlinsko olje. Mešanico zavremo.
b) Odstavite ponev z ognja in dodajte moko. Mešajte, dokler mešanica ne oblikuje krogle testa.
c) V globoki ponvi ali loncu na srednjem ognju segrejte rastlinsko olje.
d) Testo prenesite v cevno vrečko, opremljeno z zvezdasto konico.
e) Testo položite v vroče olje in ga z nožem ali škarjami narežite na 4-6 cm dolge kose.
f) Cvremo do zlato rjave barve z vseh strani, občasno obrnemo.
g) Churros odstranite iz olja in odcedite na papirnati brisači.
h) V ločeni skledi zmešajte sladkor in cimet. Churrose povaljajte v mešanici cimetovega sladkorja, dokler niso prevlečeni.
i) Churros postrezite s pripravljenim dulce de lechejem za namakanje.

66. Matcha Churros

SESTAVINE:

- 1 skodelica vode
- 2 žlici sladkorja
- 1/2 čajne žličke soli
- 2 žlici rastlinskega olja
- 1 skodelica večnamenske moke
- 1 žlica matcha prahu
- Rastlinsko olje za cvrtje
- 1/4 skodelice sladkorja (za premaz)

NAVODILA:

a) V ponvi zmešajte vodo, sladkor, sol in rastlinsko olje. Mešanico zavremo.
b) Odstavite ponev z ognja in dodajte moko in matcha prašek. Mešajte, dokler mešanica ne oblikuje krogle testa.
c) V globoki ponvi ali loncu na srednjem ognju segrejte rastlinsko olje.
d) Testo prenesite v cevno vrečko, opremljeno z zvezdasto konico.
e) Testo položite v vroče olje in ga z nožem ali škarjami narežite na 4-6 cm dolge kose.
f) Cvremo do zlato rjave barve z vseh strani, občasno obrnemo.
g) Churros odstranite iz olja in odcedite na papirnati brisači.
h) V ločeni skledi zmešajte sladkor in matcha prah. Churrose povaljajte v mešanici sladkorja matcha, dokler niso prevlečeni.
i) Matcha churros postrezite tople.

67.Red Velvet Churros

SESTAVINE:
- 1 skodelica vode
- 2 žlici sladkorja
- 1/2 čajne žličke soli
- 2 žlici rastlinskega olja
- 1 skodelica večnamenske moke
- 1 žlica kakava v prahu
- Rdeča jedilna barva
- Rastlinsko olje za cvrtje
- 1/4 skodelice sladkorja v prahu (za posipanje)
- Glazura iz kremnega sira (za namakanje)

NAVODILA:
a) V ponvi zmešajte vodo, sladkor, sol in rastlinsko olje. Mešanico zavremo.
b) Odstranite ponev z ognja in dodajte moko, kakav v prahu in rdečo jedilno barvo. Mešajte, dokler zmes ne oblikuje krogle testa in doseže želeno rdečo barvo.
c) V globoki ponvi ali loncu na srednjem ognju segrejte rastlinsko olje.
d) Testo prenesite v cevno vrečko, opremljeno z zvezdasto konico.
e) Testo položite v vroče olje in ga z nožem ali škarjami narežite na 4-6 cm dolge kose.
f) Cvremo do zlato rjave barve z vseh strani, občasno obrnemo.
g) Churros odstranite iz olja in odcedite na papirnati brisači.
h) Churros potresemo s sladkorjem v prahu.
i) Rdeče žametne churrose postrezite tople z glazuro iz kremnega sira za namakanje.

68. Churro ugrizi

SESTAVINE:
- 1 skodelica vode
- 2 žlici sladkorja
- 1/2 čajne žličke soli
- 2 žlici rastlinskega olja
- 1 skodelica večnamenske moke
- Rastlinsko olje za cvrtje
- 1/4 skodelice sladkorja (za premaz)
- 1 čajna žlička mletega cimeta (za premaz)

NAVODILA:
a) V ponvi zmešajte vodo, sladkor, sol in rastlinsko olje. Mešanico zavremo.
b) Odstavite ponev z ognja in dodajte moko. Mešajte, dokler mešanica ne oblikuje krogle testa.
c) V globoki ponvi ali loncu na srednjem ognju segrejte rastlinsko olje.
d) Testo prenesite v cevno vrečko, opremljeno z zvezdasto konico.
e) Majhne koščke testa vložite v vroče olje.
f) Cvremo do zlato rjave barve z vseh strani, občasno obrnemo.
g) Churro grižljaje poberemo iz olja in odcedimo na papirnati brisači.
h) V ločeni skledi zmešajte sladkor in cimet. Churro grižljaje stresite v mešanico cimetovega sladkorja, dokler niso prevlečeni.
i) Churro grižljaje postrezite tople.

69. Limonin Churros

SESTAVINE:
- 1 skodelica vode
- 2 žlici sladkorja
- 1/2 čajne žličke soli
- 2 žlici rastlinskega olja
- 1 skodelica večnamenske moke
- Lupina 1 limone
- Rastlinsko olje za cvrtje
- 1/4 skodelice sladkorja (za premaz)
- 1 čajna žlička mletega cimeta (za premaz)
- Limonina glazura (narejena s sladkorjem v prahu in limoninim sokom)

NAVODILA:
a) V ponvi zmešajte vodo, sladkor, sol in rastlinsko olje. Mešanico zavremo.
b) Odstavite ponev z ognja in dodajte moko in limonino lupinico. Mešajte, dokler mešanica ne oblikuje krogle testa.
c) V globoki ponvi ali loncu na srednjem ognju segrejte rastlinsko olje.
d) Testo prenesite v cevno vrečko, opremljeno z zvezdasto konico.
e) Testo položite v vroče olje in ga z nožem ali škarjami narežite na 4-6 cm dolge kose.
f) Cvremo do zlato rjave barve z vseh strani, občasno obrnemo.
g) Churros odstranite iz olja in odcedite na papirnati brisači.
h) V ločeni skledi zmešajte sladkor in cimet. Churrose povaljajte v mešanici cimetovega sladkorja, dokler niso prevlečeni.
i) Churrose pokapljajte z limonino glazuro.
j) Limonine churrose postrezite tople.

70.Churros s kokosom

SESTAVINE:
- 1 skodelica vode
- 2 žlici sladkorja
- 1/2 čajne žličke soli
- 2 žlici rastlinskega olja
- 1 skodelica večnamenske moke
- 1/2 skodelice naribanega kokosa
- Rastlinsko olje za cvrtje
- 1/4 skodelice sladkorja (za premaz)
- 1 čajna žlička mletega cimeta (za premaz)

NAVODILA:
a) V ponvi zmešajte vodo, sladkor, sol in rastlinsko olje. Mešanico zavremo.
b) Odstavite ponev z ognja in dodajte moko ter nastrgan kokos. Mešajte, dokler mešanica ne oblikuje krogle testa.
c) V globoki ponvi ali loncu na srednjem ognju segrejte rastlinsko olje.
d) Testo prenesite v cevno vrečko, opremljeno z zvezdasto konico.
e) Testo položite v vroče olje in ga z nožem ali škarjami narežite na 4-6 cm dolge kose.
f) Cvremo do zlato rjave barve z vseh strani, občasno obrnemo.
g) Churros odstranite iz olja in odcedite na papirnati brisači.
h) V ločeni skledi zmešajte sladkor in cimet. Churrose povaljajte v mešanici cimetovega sladkorja, dokler niso prevlečeni.
i) Kokosove churrose postrezite tople.

71.Churro vaflji

SESTAVINE:
- 1 skodelica vode
- 2 žlici sladkorja
- 1/2 čajne žličke soli
- 2 žlici rastlinskega olja
- 1 skodelica večnamenske moke
- Rastlinsko olje za cvrtje
- 1/4 skodelice sladkorja (za premaz)
- 1 čajna žlička mletega cimeta (za premaz)
- Testo za vaflje (pripravljeno po navodilih na embalaži)

NAVODILA:
a) V ponvi zmešajte vodo, sladkor, sol in rastlinsko olje. Mešanico zavremo.
b) Odstavite ponev z ognja in dodajte moko. Mešajte, dokler mešanica ne oblikuje krogle testa.
c) V globoki ponvi ali loncu na srednjem ognju segrejte rastlinsko olje.
d) Testo prenesite v cevno vrečko, opremljeno z zvezdasto konico.
e) Testo položite v vroče olje in ga z nožem ali škarjami narežite na 4-6 cm dolge kose.
f) Cvremo do zlato rjave barve z vseh strani, občasno obrnemo.
g) Churros odstranite iz olja in odcedite na papirnati brisači.
h) V ločeni skledi zmešajte sladkor in cimet. Churrose povaljajte v mešanici cimetovega sladkorja, dokler niso prevlečeni.
i) Segrejte pekač za vaflje in pripravite maso za vaflje v skladu z navodili na embalaži.
j) Na sredino vsakega odseka za vaflje na likalniku položite churro in testo prelijte čez churrose.
k) Zaprite pekač za vaflje in kuhajte, dokler vaflji niso zlato rjavi.
l) Churro vaflje postrezite tople.

72.Jagodni Cheesecake Churros

SESTAVINE:
- 1 skodelica vode
- 2 žlici sladkorja
- 1/2 čajne žličke soli
- 2 žlici rastlinskega olja
- 1 skodelica večnamenske moke
- Rastlinsko olje za cvrtje
- 1/4 skodelice sladkorja (za premaz)
- 1 čajna žlička mletega cimeta (za premaz)
- Nadev za jagodni kolač (pripravljen ali kupljen)

NAVODILA:
a) V ponvi zmešajte vodo, sladkor, sol in rastlinsko olje. Mešanico zavremo.
b) Odstavite ponev z ognja in dodajte moko. Mešajte, dokler mešanica ne oblikuje krogle testa.
c) V globoki ponvi ali loncu na srednjem ognju segrejte rastlinsko olje.
d) Testo prenesite v cevno vrečko, opremljeno z zvezdasto konico.
e) Testo položite v vroče olje in ga z nožem ali škarjami narežite na 4-6 cm dolge kose.
f) Cvremo do zlato rjave barve z vseh strani, občasno obrnemo.
g) Churros odstranite iz olja in odcedite na papirnati brisači.
h) V ločeni skledi zmešajte sladkor in cimet. Churrose povaljajte v mešanici cimetovega sladkorja, dokler niso prevlečeni.
i) S pomočjo brizgalke ali slaščičarske vrečke napolnite churrose z nadevom za jagodno torto.
j) Churrose z jagodnim sirom postrezite tople.

ZVOKI KRUŠNE PALICE

73.Cimetovi sladkorni zvitki

SESTAVINE:
- 1 paket listov listnatega testa
- 2 žlici masla, stopljeno
- 1/4 skodelice granuliranega sladkorja
- 1 čajna žlička mletega cimeta

NAVODILA:
a) Pečico segrejte na 400 °F (200 °C) in obložite pekač s pergamentnim papirjem.
b) Odmrznite listnato testo v skladu z navodili na embalaži.
c) Listnato testo razvaljamo in narežemo na tanke trakove.
d) Vsak trak zvijemo in položimo na pripravljen pekač.
e) V manjši skledi zmešamo kristalni sladkor in mleti cimet.
f) Raztopljeno maslo premažite po zvitem testu.
g) Mešanico cimetovega sladkorja enakomerno potresemo po zvitkih.
h) Pečemo 12-15 minut ali dokler ne postanejo napihnjene in zlato rjave barve. Postrežemo toplo.

74.Karamelni zavoji

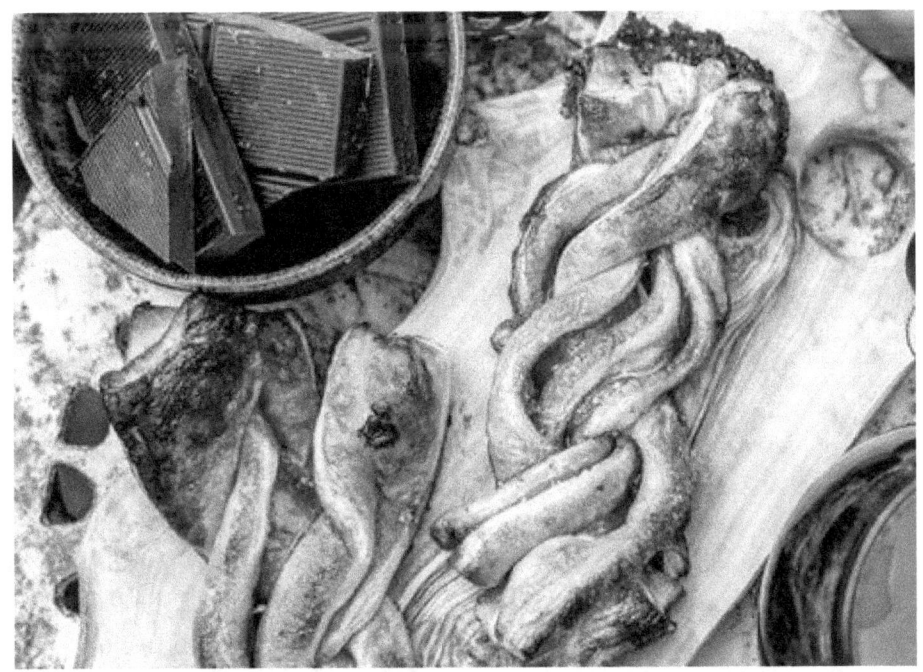

SESTAVINE:
- 1 paket (17,3 unč) zamrznjenega listnatega testa, odmrznjenega
- 1 skodelica granuliranega sladkorja
- 1/2 skodelice nesoljenega masla
- 1/4 skodelice težke smetane
- 1 čajna žlička vanilijevega ekstrakta
- 1/4 čajne žličke soli

NAVODILA:
a) Pečico segrejte na 400 °F (200 °C) in obložite pekač s pergamentnim papirjem.
b) Listnato testo na rahlo pomokani površini razvaljamo v pravokotnik.
c) V ponvi zmešajte granulirani sladkor, maslo, smetano, vanilijev ekstrakt in sol. Segrevajte na srednje močnem ognju, dokler se sladkor ne raztopi in mešanica začne brbotati.
d) Razvaljano listnato testo prelijemo s karamelno omako in enakomerno razporedimo.
e) Pecivo narežite na tanke trakove, široke približno 1/2 palca.
f) Vsak trak nežno zvijemo in položimo na pripravljen pekač.
g) Pečemo 12-15 minut oziroma dokler niso zlato rjave in napihnjene.
h) Pustite, da se zvitki ohladijo, preden jih postrežete.

75. Avstrijski zapleti

SESTAVINE:
- 2 lista listnatega testa, odmrznjena
- 1/2 skodelice nesoljenega masla, stopljenega
- 1/2 skodelice granuliranega sladkorja
- 1 žlica mletega cimeta
- Sladkor v prahu za posipanje

NAVODILA:
a) Pečico segrejte na 375 °F (190 °C) in obložite pekač s pergamentnim papirjem.
b) Liste listnatega testa razvaljamo na rahlo pomokani površini.
c) Raztopljeno maslo enakomerno premažite po vsakem listu.
d) V majhni skledi zmešajte granulirani sladkor in mleti cimet.
e) Mešanico cimeta in sladkorja potresemo po namaščenih listih peciva.
f) Vsak list peciva po dolžini prepognemo na pol.
g) Vsak list narežite na 1-palčne trakove.
h) Vsak trak nežno zvijemo in položimo na pripravljen pekač.
i) Pečemo 15-20 minut oziroma do zlato rjave barve.
j) Pustite, da se zvitki nekoliko ohladijo, preden jih potresete s sladkorjem v prahu.

76. Pizza zvitki

SESTAVINE:
- 1 list listnatega testa, odmrznjen
- 1/2 skodelice omake za pico
- 1 skodelica naribanega sira mozzarella
- 1/4 skodelice narezanega feferona
- 1 čajna žlička posušenega origana
- 1/4 čajne žličke česna v prahu
- 1/4 čajne žličke kosmičev rdeče paprike (neobvezno)

NAVODILA:
a) Pečico segrejte na 400 °F (200 °C) in obložite pekač s pergamentnim papirjem.
b) List listnatega testa na rahlo pomokani površini razvaljamo v pravokotnik.
c) Omako za pico enakomerno razporedite po pekaču, tako da ob robovih pustite majhen rob.
d) Po omaki potresemo nastrgan sir mozzarella, narezane feferone, posušen origano, česen v prahu in kosmiče rdeče paprike (če jih uporabljamo).
e) Pekač po dolžini prepognemo na pol in robove stisnemo skupaj, da se zaprejo.
f) Zloženo pecivo narežite na 1-palčne trakove.
g) Vsak trak nežno zvijemo in položimo na pripravljen pekač.
h) Pecite 15-20 minut ali dokler pecivo ni zlato rjavo in se sir stopi in postane mehurček.
i) Pustite, da se zvitki nekoliko ohladijo, preden jih postrežete.

77.Švedski Aniswe Twists

SESTAVINE:
- 2 1/2 skodelice večnamenske moke
- 1/2 skodelice nesoljenega masla, zmehčanega
- 1/2 skodelice granuliranega sladkorja
- 2 čajni žlički izvlečka janeža
- 1/2 čajne žličke pecilnega praška
- 1/4 čajne žličke soli
- 1 jajce
- Biserni sladkor za posipanje (neobvezno)

NAVODILA:
a) Pečico segrejte na 375 °F (190 °C) in obložite pekač s pergamentnim papirjem.
b) V veliki posodi za mešanje zmešajte zmehčano maslo, granulirani sladkor in ekstrakt janeža, dokler ne postane svetlo in puhasto.
c) V ločeni skledi zmešajte moko, pecilni prašek in sol.
d) Masleni zmesi postopoma dodajajte suhe sestavine, po vsakem dodatku dobro premešajte.
e) Stepajte jajce, dokler se testo ne združi.
f) Testo razdelite na majhne koščke in vsak kos razvaljajte v dolgo vrv, dolgo približno 8 centimetrov.
g) Vsako vrv zvijte v črko "S" in jo položite na pripravljen pekač.
h) Po zavojih potresemo biserni sladkor (po želji).
i) Pečemo 10-12 minut oziroma dokler robovi niso rahlo zlati.
j) Pustite, da se zvitki popolnoma ohladijo, preden jih postrežete.

78. Zvitki iz peciva Nutella

SESTAVINE:
- Zamrznjeno listnato pecivo po 17,3 unče, odmrznjeno, a hladno
- moka, za posipavanje delovne površine
- 1 skodelica Nutelle
- 1 veliko jajce
- grobi brusni sladkor, neobvezno

NAVODILA:
a) Pečico segrejte na 350 stopinj.
b) Pekač obložite s peki papirjem in ga rahlo namastite s pršilom za kuhanje.
c) En list listnatega testa razgrnite na rahlo pomokano delovno površino. Z valjarjem rahlo razvaljajte pecivo, da zaprete morebitne gube.
d) Na sploščeno listnato testo namažemo Nutello.
e) Drugi list listnatega testa sploščimo in položimo na prvi list.
f) Testo narežemo na centimeter široke trakove in vsak trak zvijemo v zavoj ter položimo na pekač.
g) V majhni skledi stepite jajce in ga s čopičem premažite po zavojih.
h) Zavoje po želji potresemo z brusnim sladkorjem.
i) Pečemo 15 do 18 minut do zlato rjave barve.
j) Zvitke vzamemo iz pečice in pustimo, da se vsaj 5 minut ohlajajo na pekaču.

79. Cvrtnik Sweet Twists

SESTAVINE:
- 1 škatla listnatega testa, kupljenega v trgovini
- ½ čajne žličke cimeta
- ½ čajne žličke sladkorja
- ½ čajne žličke semen črnega sezama
- Sol, ščepec
- 2 žlici naribanega parmezana

NAVODILA:
a) Testo položimo na delovno površino.
b) Vzemite majhno skledo in zmešajte sir, sladkor, sol, sezamovo seme in cimet.
c) To zmes potlačimo na obe strani testa.
d) Sedaj narežite pecivo na 1" x 3" trakove.
e) Vsak trak 2-krat zavrtite in ga nato položite na ravno.
f) Prenesite ga v košaro cvrtnika.
g) Izberite način cvrtja na zraku pri 400 stopinjah F za 10 minut.
h) Ko je kuhano, postrezite.

80. Lemony Sweet Twists

SESTAVINE:
- 1 škatla listnatega testa, kupljenega v trgovini
- ½ čajne žličke limonine lupinice
- 1 žlica limoninega soka
- 2 žlički rjavega sladkorja
- Sol, ščepec
- 2 žlici parmezana, sveže naribanega

NAVODILA: s
a) Testo za listnato testo položite na čisto delovno površino.
b) V skledi zmešajte parmezan, rjavi sladkor, sol, limonino lupinico in limonin sok.
c) To zmes potlačimo na obe strani testa.
d) Zdaj pecivo narežite na trakove velikosti 1" x 4".
e) Zasukajte vsak trak.
f) Prenesite ga v košaro cvrtnika.
g) Izberite način cvrtja na zraku pri 400 stopinjah F za 9-10 minut.
h) Ko je kuhano, postrezite in uživajte.

81. Zvitki s sirom in šunko

SESTAVINE:
- 1 list listnatega testa, odmrznjen
- 1/2 skodelice naribanega cheddar sira
- 1/2 skodelice narezane šunke
- 1 jajce, pretepeno

NAVODILA:
a) Pečico segrejte na 400 °F (200 °C).
b) Na rahlo pomokani površini razvaljajte listnato testo na približno 1/4 palca debeline.
c) Po listnatem testu enakomerno potresemo nastrgan cheddar sir in na kocke narezano šunko.
d) Listnato testo narežemo na 12 enakih trakov.
e) Vsak trak nekajkrat zvijemo in položimo na pekač, obložen s peki papirjem.
f) Vsak zasuk premažite s stepenim jajcem.
g) Pečemo 15-20 minut do zlato rjave barve.
h) Postrežemo toplo.

82. Čokoladni in lešnikovi zvitki

SESTAVINE:
- 1 list listnatega testa, odmrznjen
- 1/4 skodelice Nutelle ali čokoladno lešnikovega namaza
- 1/4 skodelice sesekljanih lešnikov
- 1 jajce, pretepeno

NAVODILA:
a) Pečico segrejte na 400 °F (200 °C).
b) Na rahlo pomokani površini razvaljajte listnato testo na približno 1/4 palca debeline.
c) Listnato testo premažemo z Nutellinim ali čokoladno lešnikovim namazom.
d) Po namazu potresemo sesekljane lešnike.
e) Listnato testo narežemo na približno 1 cm široke trakove.
f) Vsak trak večkrat zvijemo in položimo na pekač, obložen s peki papirjem.
g) Vsak zasuk premažite s stepenim jajcem.
h) Pečemo 20-25 minut do zlato rjave barve.
i) Postrežemo toplo.

83.Tiramisu zvitki

SESTAVINE:
- 200 gramov maskarponeja
- 2 žlici Kahlua, plus dodatek za glazuro
- 2 žlici sladkorja v prahu
- 1 list maslenega listnatega testa
- 30 gramov temne čokolade, razdeljeno

NAVODILA:

a) V majhni posodi za mešanje stepite mascarpone do mehkega. Dodajte Kahluo in, ko je popolnoma premešana, stepite sladkor. List listnatega testa položite s krajšim robom proti sebi. Nadev za tiramisu enakomerno razporedimo po listu.

b) Z rezalnikom za pico ali ostrim nožem razrežite pecivo na 8 dolgih navpičnih trakov. Čez nadev naribamo 20 gramov temne čokolade. Delajte z eno torsado naenkrat, primite konec, ki je najbolj oddaljen od vas, in ga prepognite na polovico.

c) Prenesite na neoprijemljiv ali obložen pekač in ga dvakrat obrnite, ko ga položite. Nežno zaprite spodnji rob, nato ponovite s preostalim in ohladite 1 uro.

d) Pečico segrejte na 200C / 180C ventilator. Ko so peciva ohlajena eno uro, jih rahlo namažite s kahluo in na drobno naribajte preostalo čokolado.

e) Pečemo 15 minut, da dobro vzhajajo in zlato rjavo zapečejo.

f) Prenesite na rešetko, da se ohladi, ali postrezite toplo.

84. Česnovi parmezanovi zvitki

SESTAVINE:
- 1 paket ohlajenega testa za pico
- 2 žlici masla, stopljeno
- 2 stroka česna, nasekljana
- 1/4 skodelice naribanega parmezana
- 1 čajna žlička posušene italijanske začimbe

NAVODILA:
a) Pečico segrejte na 375 °F (190 °C) in obložite pekač s pergamentnim papirjem.
b) Testo za pico razvaljamo in narežemo na tanke trakove.
c) Vsak trak zvijemo in položimo na pripravljen pekač.
d) V manjši skledi zmešamo stopljeno maslo in nasekljan česen.
e) Zvito testo premažite z mešanico česnovega masla.
f) Čez zvitke enakomerno potresemo parmezan in italijanske začimbe.
g) Pečemo 12-15 minut oziroma do zlato rjave barve. Postrežemo toplo.

85.Jalapeno Cheddar zvitki

SESTAVINE:
- 1 paket ohlajenega testa za zvitke
- 1 skodelica naribanega cheddar sira
- 2 jalapeno papriki, brez semen in drobno narezani
- 1/4 skodelice stopljenega masla
- 1/2 čajne žličke česna v prahu
- 1/4 čajne žličke paprike

NAVODILA:
a) Pečico segrejte na 375 °F (190 °C) in obložite pekač s pergamentnim papirjem.
b) Testo za polmesec razvaljamo in ga razdelimo na trikotnike.
c) Čez vsak trikotnik enakomerno potresemo nariban čedar sir in sesekljane jalapeno.
d) Zvijte trikotnike na širšem koncu in jih nežno zasukajte, da pritrdite nadev.
e) Zvite svaljke položimo na pripravljen pekač.
f) V majhni skledi zmešajte stopljeno maslo, česen v prahu in papriko.
g) Masleno mešanico namažite po zvitih svaljkih.
h) Pečemo 12-15 minut oziroma dokler zvitki niso zlato rjavi in se sir stopi. Postrežemo toplo.

86.Buffalo piščančji zvitki

SESTAVINE:
- 2 skodelici kuhanega piščanca, narezanega
- 1/2 skodelice bivolje omake
- 1/4 skodelice zdrobljenega modrega sira
- 2 žlici sesekljane zelene čebule
- 1 paket ohlajenega testa za pico

NAVODILA:
a) Pečico segrejte na 375 °F (190 °C) in obložite pekač s pergamentnim papirjem.
b) V skledi zmešajte narezan piščanec in bivoljo omako, dokler ni dobro prevlečena.
c) Testo za pico razvaljamo in narežemo na tanke trakove.
d) Vsak trak zvijemo in položimo na pripravljen pekač.
e) Na vsak zvitek z žlico nanesite majhno količino mešanice bivoljega piščanca.
f) Čez zvitke potresemo nadrobljen modri sir in sesekljano zeleno čebulo.
g) Pečemo 12-15 minut ali dokler zavoji niso zlato rjavi in se nadev segreje. Postrežemo toplo.

87. Pesto in na soncu posušeni paradižnikovi zvitki

SESTAVINE:
- 1 paket listov listnatega testa
- 1/4 skodelice pesto omake
- 1/4 skodelice narezanih na soncu posušenih paradižnikov (pakiranih v olju)
- 1/4 skodelice naribanega parmezana
- 1 jajce, stepeno (za pranje jajc)

NAVODILA:
a) Pečico segrejte na 400 °F (200 °C) in obložite pekač s pergamentnim papirjem.
b) Odmrznite listnato testo v skladu z navodili na embalaži.
c) Listnato testo razvaljamo in narežemo na tanke trakove.
d) Vzdolž vsakega traku namažite tanko plast pesto omake.
e) Čez vsak trak potresemo narezane posušene paradižnike in nariban parmezan.
f) Vsak trak nežno zvijte in položite na pripravljen pekač.
g) Zvitke namažite s stepenim jajcem za sijoč zaključek.
h) Pečemo 12-15 minut ali dokler ne postanejo napihnjene in zlato rjave barve. Postrežemo toplo.

88.Špinača in feta zvitki

SESTAVINE:
- 1 paket ohlajenega testa za zvitke
- 1 skodelica zamrznjene špinače, odmrznjene in iztisnjene odvečne vlage
- 1/2 skodelice zdrobljenega feta sira
- 2 žlici naribanega parmezana
- 1/4 čajne žličke česna v prahu
- Sol in poper po okusu

NAVODILA:
a) Pečico segrejte na 375 °F (190 °C) in obložite pekač s pergamentnim papirjem.
b) Testo za polmesec razvaljamo in ga razdelimo na trikotnike.
c) V skledi zmešamo špinačo, feta sir, nariban parmezan, česen v prahu, sol in poper.
d) Na vsak trikotnik z žlico nanesite majhno količino mešanice špinače in fete.
e) Trikotnike zvijte na širšem koncu in jih nežno zasukajte, da se nadev zapre.
f) Zvite svaljke položimo na pripravljen pekač.
g) Pečemo 12-15 minut oziroma dokler zvitki niso zlato rjavi in se nadev segreje. Postrežemo toplo.

89.Svinjski zvitki z žara

SESTAVINE:
- 2 skodelici kuhane vlečene svinjine
- 1/2 skodelice omake za žar
- 1/4 skodelice naribanega cheddar sira
- 1/4 skodelice sesekljane rdeče čebule
- 1 paket ohlajenega testa za pico

NAVODILA:
a) Pečico segrejte na 375 °F (190 °C) in obložite pekač s pergamentnim papirjem.
b) V skledi zmešajte vlečeno svinjino in omako za žar, dokler se dobro ne povežeta.
c) Testo za pico razvaljamo in narežemo na tanke trakove.
d) Vsak trak zvijemo in položimo na pripravljen pekač.
e) Na vsak zvitek z žlico nanesite majhno količino mešanice vlečene svinjine.
f) Čez zvitke potresemo nastrgan čedar sir in sesekljano rdečo čebulo.
g) Pečemo 12-15 minut ali dokler zavoji niso zlato rjavi in se nadev segreje. Postrežemo toplo.

90. S'mores Twists

SESTAVINE:
- 1 paket listov listnatega testa
- 1/4 skodelice Nutelle ali čokoladnega namaza
- 1/4 skodelice mini marshmallows
- 2 žlici zdrobljenih graham krekerjev
- 1 jajce, stepeno (za pranje jajc)

NAVODILA:
a) Pečico segrejte na 400 °F (200 °C) in obložite pekač s pergamentnim papirjem.
b) Odmrznite listnato testo v skladu z navodili na embalaži.
c) Listnato testo razvaljamo in narežemo na tanke trakove.
d) Vsak trak namažemo s tanko plastjo Nutelle ali čokoladnega namaza.
e) Čez vsak trak potresemo mini marshmallows in zdrobljene graham krekerje.
f) Vsak trak nežno zvijte in položite na pripravljen pekač.
g) Zvitke namažite s stepenim jajcem za sijoč zaključek.
h) Pečemo 12-15 minut ali dokler ne postanejo napihnjene in zlato rjave barve. Postrežemo toplo.

91.Caprese zasuki

SESTAVINE:
- 1 paket listov listnatega testa
- 1/4 skodelice bazilikinega pesta
- 1/2 skodelice češnjevih paradižnikov, prepolovljenih
- 1/2 skodelice svežih biserov mocarele
- Sol in poper po okusu
- Balzamična glazura za polivanje (neobvezno)

NAVODILA:
a) Pečico segrejte na 400 °F (200 °C) in obložite pekač s pergamentnim papirjem.
b) Odmrznite listnato testo v skladu z navodili na embalaži.
c) Listnato testo razvaljamo in narežemo na tanke trakove.
d) Vzdolž vsakega traku namažite tanko plast bazilikinega pesta.
e) Na vsak trak položite polovico češnjevega paradižnika in mocarelo.
f) Začinimo s soljo in poprom po okusu.
g) Vsak trak nežno zvijte in položite na pripravljen pekač.
h) Pečemo 12-15 minut ali dokler ne postanejo napihnjene in zlato rjave barve.
i) Neobvezno: pred serviranjem zvitke pokapljajte z balzamično glazuro. Postrežemo toplo.

92. Jabolčno cimetovi zvitki

SESTAVINE:
- 1 paket listov listnatega testa
- 2 jabolki, olupljeni, brez peščic in na tanke rezine narezani
- 2 žlici stopljenega masla
- 2 žlici granuliranega sladkorja
- 1 čajna žlička mletega cimeta
- 1/4 skodelice sesekljanih orehov (neobvezno)
- Sladkor v prahu za posipanje (neobvezno)

NAVODILA:
a) Pečico segrejte na 400 °F (200 °C) in obložite pekač s pergamentnim papirjem.
b) Odmrznite listnato testo v skladu z navodili na embalaži.
c) Listnato testo razvaljamo in narežemo na tanke trakove.
d) Vsak trak premažite s stopljenim maslom.
e) V manjši skledi zmešamo kristalni sladkor in mleti cimet.
f) Mešanico cimetovega sladkorja enakomerno potresemo po maslenih trakovih.
g) Na vsak trak položimo nekaj jabolčnih rezin in jih po želji potresemo s sesekljanimi orehi.
h) Vsak trak nežno zvijte in položite na pripravljen pekač.
i) Pečemo 12-15 minut ali dokler ne postanejo napihnjene in zlato rjave barve.
j) Neobvezno: zavitke pred serviranjem posujte s sladkorjem v prahu. Postrežemo toplo.

93. Zavitki s šunko in sirom

SESTAVINE:
- 1 paket listov listnatega testa
- 1/2 skodelice narezane šunke
- 1/2 skodelice naribanega cheddar sira
- 1 jajce, stepeno (za pranje jajc)

NAVODILA:
a) Pečico segrejte na 400 °F (200 °C) in obložite pekač s pergamentnim papirjem.
b) Odmrznite listnato testo v skladu z navodili na embalaži.
c) Listnato testo razvaljamo in narežemo na tanke trakove.
d) Na vsak trak položite nekaj rezin šunke in potresite nastrgan sir cheddar.
e) Vsak trak nežno zvijte in položite na pripravljen pekač.
f) Zvitke namažite s stepenim jajcem za sijoč zaključek.
g) Pečemo 12-15 minut ali dokler ne postanejo napihnjene in zlato rjave barve. Postrežemo toplo.

94.Pesto piščančji Alfredo zvitki

SESTAVINE:
- 2 skodelici kuhanega piščanca, narezanega
- 1/4 skodelice bazilikinega pesta
- 1/4 skodelice omake Alfredo
- 1/4 skodelice naribanega sira mozzarella
- 1 paket ohlajenega testa za pico

NAVODILA:
a) Pečico segrejte na 375 °F (190 °C) in obložite pekač s pergamentnim papirjem.
b) V skledi zmešajte narezan piščanec, bazilikin pesto in omako Alfredo, dokler se dobro ne povežejo.
c) Testo za pico razvaljamo in narežemo na tanke trakove.
d) Vsak trak zvijemo in položimo na pripravljen pekač.
e) Na vsak zavitek z žlico nanesite majhno količino piščančje mešanice.
f) Čez zvitke potresemo nastrgan sir mocarela.
g) Pečemo 12-15 minut ali dokler zavoji niso zlato rjavi in se nadev segreje. Postrežemo toplo.

95. Javorjeva slanina

SESTAVINE:
- 1 paket listov listnatega testa
- 1/4 skodelice javorjevega sirupa
- 4 rezine kuhane slanine, zdrobljene
- 2 žlici rjavega sladkorja
- 1/4 čajne žličke mletega črnega popra

NAVODILA:
a) Pečico segrejte na 400 °F (200 °C) in obložite pekač s pergamentnim papirjem.
b) Odmrznite listnato testo v skladu z navodili na embalaži.
c) Listnato testo razvaljamo in narežemo na tanke trakove.
d) Vsak trak premažite z javorjevim sirupom.
e) V manjši skledi zmešajte nadrobljeno slanino, rjavi sladkor in mleti črni poper.
f) Mešanico slanine enakomerno potresemo po vsakem traku.
g) Vsak trak nežno zvijte in položite na pripravljen pekač.
h) Pečemo 12-15 minut ali dokler ne postanejo napihnjene in zlato rjave barve. Postrežemo toplo.

96.Sredozemski preobrati

SESTAVINE:
- 1 paket listov listnatega testa
- 1/4 skodelice pesta iz posušenih paradižnikov
- 1/4 skodelice sesekljanih oliv Kalamata
- 1/4 skodelice zdrobljenega feta sira
- 1/4 skodelice sesekljanega svežega peteršilja

NAVODILA:
a) Pečico segrejte na 400 °F (200 °C) in obložite pekač s pergamentnim papirjem.
b) Odmrznite listnato testo v skladu z navodili na embalaži.
c) Listnato testo razvaljamo in narežemo na tanke trakove.
d) Vzdolž vsakega traku namažite tanko plast pesta iz posušenih paradižnikov.
e) Po vsakem traku potresemo sesekljane olive Kalamata, nadrobljen feta sir in sesekljan svež peteršilj.
f) Vsak trak nežno zvijte in položite na pripravljen pekač.
g) Pečemo 12-15 minut ali dokler ne postanejo napihnjene in zlato rjave barve. Postrežemo toplo.

97.Orehovi karamelni zvitki

SESTAVINE:
- 1 paket listov listnatega testa
- 1/4 skodelice karamelne omake
- 1/4 skodelice sesekljanih oreščkov (kot so orehi ali pekan orehi)
- 2 žlici rjavega sladkorja
- 1/2 čajne žličke mletega cimeta

NAVODILA:
a) Pečico segrejte na 400 °F (200 °C) in obložite pekač s pergamentnim papirjem.
b) Odmrznite listnato testo v skladu z navodili na embalaži.
c) Listnato testo razvaljamo in narežemo na tanke trakove.
d) Vzdolž vsakega traku namažite tanko plast karamelne omake.
e) Po vsakem traku potresemo sesekljane orehe, rjavi sladkor in mleti cimet.
f) Vsak trak nežno zvijte in položite na pripravljen pekač.
g) Pečemo 12-15 minut ali dokler ne postanejo napihnjene in zlato rjave barve. Postrežemo toplo.

98.Zvitki z malinovim kremnim sirom

SESTAVINE:
- 1 paket listov listnatega testa
- 1/4 skodelice malinove marmelade ali konzerve
- 4 unče kremnega sira, zmehčanega
- 2 žlici sladkorja v prahu
- 1/2 čajne žličke vanilijevega ekstrakta
- 1 jajce, stepeno (za pranje jajc)

NAVODILA:
a) Pečico segrejte na 400 °F (200 °C) in obložite pekač s pergamentnim papirjem.
b) Odmrznite listnato testo v skladu z navodili na embalaži.
c) Listnato testo razvaljamo in narežemo na tanke trakove.
d) V skledi zmešajte kremni sir, sladkor v prahu in vanilijev ekstrakt do gladkega.
e) Vsak trak namažemo s tanko plastjo malinove marmelade.
f) Na vrh malinove marmelade položite majhno kepico mešanice kremnega sira.
g) Vsak trak nežno zvijte in položite na pripravljen pekač.
h) Zvitke namažite s stepenim jajcem za sijoč zaključek.
i) Pečemo 12-15 minut ali dokler ne postanejo napihnjene in zlato rjave barve. Postrežemo toplo.

99. Limonino borovničevi zvitki

SESTAVINE:
- 1 paket listov listnatega testa
- 1/4 skodelice limonine skute
- 1/4 skodelice svežih borovnic
- 1 žlica granuliranega sladkorja
- 1 čajna žlička limonine lupinice

NAVODILA:
a) Pečico segrejte na 400 °F (200 °C) in obložite pekač s pergamentnim papirjem.
b) Odmrznite listnato testo v skladu z navodili na embalaži.
c) Listnato testo razvaljamo in narežemo na tanke trakove.
d) Vzdolž vsakega traku namažite tanko plast limonine skute.
e) Na limonino skuto položite nekaj borovnic.
f) Vsak trak potresemo z granuliranim sladkorjem in limonino lupinico.
g) Vsak trak nežno zvijte in položite na pripravljen pekač.
h) Pečemo 12-15 minut ali dokler ne postanejo napihnjene in zlato rjave barve. Postrežemo toplo.

100. Javorjev oreh zvitki

SESTAVINE:
- 1 paket listov listnatega testa
- 1/4 skodelice javorjevega sirupa
- 1/4 skodelice sesekljanih pekanov
- 2 žlici rjavega sladkorja
- 1/4 čajne žličke mletega cimeta

NAVODILA:
a) Pečico segrejte na 400 °F (200 °C) in obložite pekač s pergamentnim papirjem.
b) Odmrznite listnato testo v skladu z navodili na embalaži.
c) Listnato testo razvaljamo in narežemo na tanke trakove.
d) Vsak trak premažite z javorjevim sirupom.
e) V majhni skledi zmešajte sesekljane pekanove orehe, rjavi sladkor in mleti cimet.
f) Mešanico pekanov enakomerno potresemo po vsakem traku.
g) Vsak trak nežno zvijte in položite na pripravljen pekač.
h) Pečemo 12-15 minut ali dokler ne postanejo napihnjene in zlato rjave barve. Postrežemo toplo.

ZAKLJUČEK

Ko se poslavljamo od »ULTIMATNA KUHARSKA KNJIGA ZA KRUHOVE PALICE«, to počnemo s srcem, polnim hvaležnosti za okuse, ustvarjene spomine in kulinarične veščine, izpopolnjene na poti. Skozi 100 receptov, ki so nas vodili skozi umetnost izdelave grisinov, smo se podali na pot odkrivanja, osvajanja tehnik in odkrivanja skrivnosti popolnosti domačih grisinov.

A naše potovanje se tu ne konča. Ko se vračamo v naše kuhinje, oboroženi z novim znanjem in navdihom, nadaljujmo z eksperimentiranjem, inovacijami in ustvarjanjem z grisini. Ne glede na to, ali pečemo zase, za svoje najdražje ali goste, naj vam bodo recepti v tej kuharski knjigi v prihodnjih letih vir veselja in zadovoljstva.

In ko uživamo v vsakem slastnem grižljaju sveže pečenih grisov, se spomnimo veselja do peke – toplote pečice, arome kvasa in preprostega užitka ustvarjanja nečesa okusnega iz nič. Hvala, ker ste se nam pridružili na tej kulinarični avanturi. Naj bodo vaši grisini vedno zlati, testo vedno vzhajano, vaša miza pa vedno polna topline in udobja domačega kruha.

www.ingramcontent.com/pod-product-compliance
Lightning Source LLC
Chambersburg PA
CBHW070423120526
44590CB00014B/1516